博文概览　见微知著

——从旅游专业博士论文看旅游研究知识生产与应用

张文成　肖洪根　李咪咪　编著

中国旅游出版社

责任编辑：谯　洁　高子梦

责任印制：冯冬青

封面设计：中文天地

图书在版编目（CIP）数据

博文概览　见微知著：从旅游专业博士论文看旅游研究知识生产与应用 / 张文成，肖洪根，李咪咪编著
. -- 北京 ：中国旅游出版社，2023.8

ISBN 978-7-5032-7191-5

Ⅰ . ①博… Ⅱ . ①张… ②肖… ③李… Ⅲ . ①旅游教育－文集 Ⅳ . ① F590-53

中国国家版本馆CIP数据核字(2023)第148188号

书　　名：博文概览　见微知著：从旅游专业博士论文看旅游研究知识生产与应用

作　　者：张文成，肖洪根，李咪咪编著

出版发行：中国旅游出版社

　　　　　（北京静安东里6号　邮编：100028）

　　　　　http://www.cttp.net.cn　E-mail:cttp@mct.gov.cn

　　　　　营销中心电话：010-57377103，010-57377106

　　　　　读者服务部电话：010-57377107

排　　版：北京旅教文化传播有限公司

经　　销：全国各地新华书店

印　　刷：北京工商事务印刷有限公司

版　　次：2023 年 8 月第 1 版　2023 年 8 月第 1 次印刷

开　　本：720 毫米 × 970 毫米　1/16

印　　张：11.75

字　　数：184 千

定　　价：68.00 元

Ｉ Ｓ Ｂ Ｎ　978-7-5032-7191-5

题记

    作为超文本的创造者，泰德·尼尔森（Ted Nelson）不认为它将被局限于数字文本层面。世界本身就像超文本。超文本性是"事物的真正结构"。

    尼尔森将自己的超文本系统统称为"上都"（Xanadu，音译"仙那度"），一个具有神秘色彩的地方。尼尔森为自己的上都宫殿绘制了草图。在名为"上都台"的巨大城堡式建筑入口前，矗立着一个超大的"X"标志。这一金色"X"标志立放于每一家上都授权店门店前，如同麦当劳的金色"M"一样。进入门店的用户被称为"旅行者"，他们想在此消除饥饿感，金色"X"的寓意即为"欢迎心灵饥饿的旅行者"。饥肠辘辘的旅行者在知识和信息的超卖场里受到了超欢迎（Hyperwelcome）。（摘录《超文化》，韩炳哲，2023，P9-10）

——我就是那个心灵饥饿的旅行者。

序

宗华伟①

如果说曾为《望江蟳埔　蚵厝人家》作序是一件愉悦的幸事，那么得以先睹《博文概览　见微知著》且简言荐之则实属一份殊荣了。

作为非文旅界人士，本人难以"越界"置评这部作品的专业所长与精彩之处。但作为一个"心灵饥饿的旅者"，本人从一般性的社会研究视角出发，由衷地觉得从这部作品中受益良多。归结起来，张文成、肖洪根和李咪咪三位老师联手共创的作品，"名副其实"地让读者广览到酒店与旅游管理领域的专业博士论文，建构了一个关于旅游知识的独特空间，开启了一场"于旅游之外看旅游"的思想之旅。

就"概览"而言，这部作品可谓用知识社会学路径建构知识观、探讨知识论的佳作，值得社会科学各领域学人共赏共鉴。任何一种门类的知识积累到一定阶段，都会萌发对知识生产本身的探究与追问。正是在这样的探问中，我们才愈发体会到社会现象的复杂精妙，不仅依研究方法和路径不同会得出不同的认知，而且不同的本体论与认识论假设会将我们引向多元多样多层次的理解。这部作品的博文概览就为我们打开了这样一个丰富的视界，呈现了 **88** 位博士对旅游主体、旅游组织、旅游情境、旅游实践等重要问题的多彩视点，也在行云流水般的博览与贯通中展示了经济学、地理学、政治学、社会学、人类学、历史学、管理学等多学科交叉融合对旅游知识体系生长的给养。

由"知著"而论，作品的中心观点引发了我的深深共鸣。那就是，旅游研究应不仅是一门纯理性的学科知识，而且更应该成为一项以活态的实践知识建

---

① 宗华伟　北京大学国际关系专业法学博士、中国常驻联合国教科文组织代表团外交官。

构为特色的应用型研究，帮助人们更好地理解旅游这一社会文化现象，在旅游的空间实践中寻求个体心灵的栖息、社会群体的重建、文化传统的延展、认同张力的缓释、可持续发展生机的涌现。联合国教科文组织以咖啡馆为主题的一期《信使》杂志谈到，现代社会是多么需要咖啡馆这样介于公共领域和私人领域之间的"第三空间"，因为这类空间孕育和孵化了自由言论、思想火花与多元文化。旅游亦有相似的社会功能，其"场景的氛围、远离日常职责的片刻自由，还有可能发生的邂逅，都会带来某种难以言喻的愉悦。"[①]在现代性与后现代性交叠的今日社会中，在经历了交往交流遭阻遏的全球疫情之后，重新审视旅游、重新开启旅游、重新塑造旅游，是一种迫切的实践需求。

从概览到知著，其中含有强烈的旅游隐喻。作者们在研究发现中敏锐地指出，旅游研究呈现出从现代性向后现代性的"范式转移"。实际上，这部作品本身就体现出鲜明的后现代文化特质，字里行间充满了对知识建构的自觉和对知识批判的自醒，其背后不是否定、挑剔或反叛，而是追求智识卓越、关切问题解决的热情与勇气。开拓一条从概览到知著的新旅程，最终是为了助力文旅事业在中国大地上创新发展，丰富诠释中国式现代化的日常生活实践样式，扩大中国人民与各国人民的生活世界交汇，为促进文明交流互鉴和构建人类命运共同体创造具体实在的行动契机。

最后还要强调的是，这部作品的一大难能可贵之处在于文字优美流畅，视野非常宽广，笔端纵贯古今、融通中西而又深入浅出、活泼灵动。相信作品不仅能够为文旅专业人士提供助益，也能够为更多读者带来启发和乐趣。

本人班门弄斧，所作推荐序必然不乏欠妥之处，格外感谢文成兄信任，并敬祈文旅领域的专家和广大读者们不吝赐教。

2023 年 6 月 26 日　于巴黎

[①]　联合国教科文组织：《信使》，2023 年第 2 期，第 1 页。

前言

开展科学研究、完成学位论文并最终取得学位，是博士学习阶段里程碑式的目标与任务。博士论文也因此常被视为学科研究的前沿，以及学术规范之示范。博士研究的结果与结论，对提升理论认识、促进更佳实践，均有重要意义。从选题确定到研究设计、从研究方法到项目执行、从数据分析解说到文稿撰写与传播，一篇博士论文的完成，反映了知识生产的全过程。

旅游是多面错综的社会经济文化现象。旅游现象的本体属性，从一开始就决定了旅游研究与教育的多学科性。半个世纪以来，旅游科学共同体由小变大、由弱变强。多学科旅游研究培育了大量的旅游学术期刊与专业出版物、协会社团与会议论坛、教育培训与专业咨询。在高等院校，博士层面的旅游教育也得到了迅速的发展。旅游博士，已经成为旅游学术共同体的中坚力量。

随着旅游博士数量的增加，学界对旅游类博士论文文本的研究兴趣与关注也不断增加。过往的这类文本分析，大都以期刊论文的形式出现。文章或以区域为视角，以图明察旅游博士教育在区域之间的不同；或以学科为聚焦，旨在洞见旅游博士教育的多学科认同及其在学科之间的差异。

《博文概览 见微知著》就是对旅游专业博士论文文本分析的一个尝试。本书由五章内容组成。第一章绪论，提出了问题并陈述了课题研究的目的，即了解并描述旅游专业博士论文研究的文本特点，考察其知识生产路径和知识应用状态。第二章概念界定与文献综述，界定了课题涉及的相关概念，并呈现了课题研究的理论与知识背景。第三章研究方法，描述了用于该课题研究的旅游专业博士论文之文本特点，并陈述了释义的范式视角与分析编码过程。第四章博文概览，图文并茂，详细描述了旅游专业博士论文在研究对象与研究方法上呈现出的特点。第五章见微知著，借助文本分析之观察，作者反思了旅游学的知识观，并就旅游知识的生产路径与输出途径做了有益的讨论。

本课题的完成对讨论旅游理论与实践的关系具有一定的意义。全书以应用社会科学的知识生产与理论—实践关系为话语框架，以浙江大学—香港理工大学联合中心的酒店及旅游管理博士学位论文为分析文本，详细描述了该文本所反映出来的研究对象与研究方法两个方面的特点，并进一步讨论了旅游专业博士论文研究过程所呈现的知识生产路径与知识输出方式。如果一个学科的应用研究属性可以从其学术对行业实践反应程度之高低（或速度之快慢）中加以评说的话，那么这个文本所表现出的知识生产过程，其目标是为了解决实际问题而提供科学依据，其用意是在将理论发展成为实际运用的工具或形式。

文本分析，尤其是博士论文的文本分析，当属研究的研究。书中纰漏在所难免。恳盼读者诸君不吝批评指正。

2023 年 6 月 10 日

CONTENTS
目录

1   第一章　绪论

1   1.引言

3   2.研究问题和研究目标

4   3.理论和现实意义

5   4.文章结构

9   第二章　概念界定与文献综述

9   1.相关概念的界定

16   2.文献综述

35   第三章　研究文本与研究方法

35   1.研究文本

40   2.研究范式和研究方法

46   第四章　博文概览

46   1.研究对象

86   2.研究方法

101   3.小结

105 第五章　见微知著

106   1.酒店及旅游管理的知识观

110   2.D.HTM 博士论文知识生产路径

141   3. 知识的输出

144   4. 小结

152   **后　记**

156   **参考文献**

174   **附　录**

174   D.HTM 2013—2022 年毕业生基本情况表（以毕业年份为序）

Part 1

第一章 绪论

1. 引言

中国旅游的发展离不开旅游教育的发展，旅游教育的发展促进了旅游研究的进一步深入。旅游研究的发展是在旅游业本身持续发展和高等教育不断扩大的背景下进行的，有学者用"非凡的（Remarkable）"来形容旅游教育的发展和对行业的影响（Airey，2015），旅游持续性发展为旅游研究这一年轻的学术领域提供了一个理想的舞台，并继续这一非凡的旅程，建设一个独特的"旅游社会"和"旅游世界"（Tribe，1999）。

目前，中国旅游高等教育涵盖了从本科到博士全链条的培养体系。其中，博士教育作为培养学术研究知识阶层的重要手段，通过对知识的解构与重构，从思想、观点、理论和方法诸多展现形式上，呈现旅游研究方面的知识生产和知识应用，成为旅游社会和旅游业转变的领导者（Airey，Tribe，Benckendorff，& Xiao，2014），是旅游知识生产体系的重要参与者（陈洪捷，2010），在旅游学术研究和学术实践方面发挥着积极作用。

旅游研究及其知识发展日渐成为一个成熟的研究领域（Tribe & Xiao，2011），以伯顿·克拉克和托尼·比彻等学者为代表的学科研究构成了一支重要脉络（Becher，1994），其研究成果对扩展旅游现象的知识和促进该领域的学术地位发展至关重要（Sheldon，1991）。对旅游学科知识生产的研究往往基于该领域同行评议期刊收集的数据（Ballantyne，Packer，& Axelsen，2009；Xiao & Smith，2006），但倘若只关注分析旅游期刊，显然低估了旅游领域研究的丰富性和多样性（Xiao & Smith，2006）。博士研究生的学位论文是旅游研究学术共同体研究成果的重要载体，站在知识生产的视角下审视博士研究生的学位论文，成为评价旅游研究成果的重要文本（Jafari & Aaser，1988；Meyer-Arendt & Justice，2002），并成为旅游知识体系的一个重要组成部分（Wu，Xiao，Dong，Wang，& Xue，2012；Ying & Xiao，2011）。

自 Jafari 和 Aaser（1988）开启了对旅游博士论文研究的先河，各国都有不少学者以旅游博士论文作为研究对象进行研究，专注于旅游博士论文的研究呈指数级增长。这些都显示旅游研究中，研究"研究者的研究"不失为一个洞察知识生产和知识应用的策略。

在世界范围内，博士学位仍然是最高的高等教育资格证书。笔者通过查询《中国研究生招生信息网》，显示 2022 年共有 42 所大学院校和科研机构招收以"旅游"为研究方向的博士生。旅游研究的博士生们成为知识生产重要的学术共同体，其知识生产和知识应用的价值呈现是旅游发展和旅游科学技术发达水平的重要标志，对旅游博士论文知识生产路径和知识应用对旅游实践的意义进行科学审视，显得越发重要。

博士学位通常有两种形式：哲学博士学位（PhD）（也称为学术博士学位）和专业博士学位。D.HTM（Doctor of Hotel and Tourism Management）属于专业博士。专业博士学位（ProfDoc）正吸引着越来越多的关注，因为它比哲学博士学位（学术博士学位）更专注于满足知识经济的需求（Fink，2006）。专业博士学位与传统的哲学博士课程相当，但在研究侧重点和培养目的上有所不同（Charles，Farr-Wharton，von der Heidt，& Sheldon，2017），一般来说，专业博士学位培养的往往是"特定于职业的"和"针对职业生涯发展中的专业人士"（Jackson，2009）。尽管不乏有学者对专业博士的"含金量"发声质疑（Neumann，2005；Wallace et al.，2015），但专业博士学位课程在一定程度上依旧成为"博士学位替代品"，是高等教育部门寻求调整或扩大博士教育，以适应经济发展和知识模式变化的一种选择（Fink，2006）。

专业博士学位被认为与商业学科特别相关（Neumann，2005），应用性是包括旅游学科在内的商业学科的显著特征。20 世纪八九十年代，专业博士在全球得到迅猛的发展，专业博士学位的数量和种类在迅速地增加（Bourner，

Bowden, & Laing, 2001; Maxwell, 2003）。专业博士学位的快速扩张反映了知识创造和知识应用的另一种模式（Banerjee & Morley, 2013），成为高等教育中越来越必要和突出的部分（Costley & Lester, 2012; Lester, 2004）。

专业博士面向的是有经验的专业人士，侧重于考察专业博士候选人的经验和背景，鼓励专业人士对以往学习和成就进行反思和表达，这就是一个新的知识生产和知识应用（Costley & Lester, 2012; Doncaster & Lester, 2002），不仅直接满足大学对博士工作的期望（即知识生产），而且增加了一个叙述或解释（即知识应用）。

专业博士学位通常是面向那些在非学术专业部门全职工作并有丰富专业经验的人士，旨在对专业实践做出重大和原创的贡献，更强调研究的实践性，这也是专业博士学位与传统的哲学博士学位最大的区别（Johnson, 2005）。

从理论上讲，旅游专业博士和旅游学术博士学位之间的区别在于，D.HTM为培养酒店及旅游从业领导者，为酒店及旅游高水平发展和变革获得更广泛的专业知识做准备（MacLennan, Piña, & Gibbons, 2018），即 D.HTM 的知识创建主要是基于与旅游实践相关且有更广泛应用性的知识生产和应用。

学以致用是学界的共识。学而不思则罔，思而不学则殆，在实践中思索，在思索中付诸实践。中国旅游研究学术共同体一直在学而思，思且行的路上。保持学科的内在批判性，警惕形式上很"学术"，方法上很"科学"，但缺乏实际意义和知识创建的研究（杨振之，谢辉基，2017），这既是旅游学科发展与研究的自觉（谢彦君，2010），更是旅游学术共同体的自省。正是基于这样的自觉和自省，本研究明晰了研究问题，确定了研究目标。

2. 研究问题和研究目标

在现代经济中，由知识生产和信息处理技术实现了生产力的快速增长，这种将知识作为生产要素之一的生产方式，在教育、研究和经济发展等方面产生了重大影响（Costley & Lester, 2012）。特别是大学通过博士项目作为知识创造者的角色，来定位自己的竞争力，来应对知识经济的需求（Banerjee & Morley, 2013）。

旅游专业博士学位的崛起体现了以拥有研究技能的专业人士为新的知识生

产主体，与实践情境紧密结合的新的知识，以工作场所与实践领域作为新的知识生产情境紧密结合。旅游专业博士学位教育强调酒店及旅游管理学科的实践应用价值，尤其强调在工作实践场所进行在职博士研究生的培养。

目前，旅游学术界对理论研究居多而应用研究较少（杨振之，谢辉基，2017），旅游专业博士研究成果的应用性更是鲜有人关注。本研究通过对旅游专业博士论文在旅游研究方面的知识生产和应用的回顾与反思，将反思性作为一项"实践"——在笔者学术研究中思考、实践和转化知识的方式，可以显示通过具体研究实践了解知识生产的背景下的知识应用（Ajanovic & Çizel，2021），故而本研究的核心问题将聚焦于旅游专业博士论文在旅游研究方面的知识生产和应用。

本研究的目的是通过不断变化的高等教育环境来研究中国旅游专业博士论文的研究动态，核心研究目标是重点考察知识生产的路径和知识应用对旅游实践的意义，基于主旨研究问题与核心目标，本研究提出了以下三个具体问题：

- ■旅游专业博士论文知识生产的方式和知识应用的路径有哪些？
- ■旅游专业博士论文研究成果的理论意义和实践意义在具体实践中发挥怎样的作用？
- ■旅游专业博士论文在旅游研究上的知识生产的方式和应用的路径对旅游教育有什么意义和启发？

3. 理论和现实意义

3.1 研究的理论意义

从范式、方法论和多学科的角度对旅游研究、知识生产和理论水平的反思，是旅游知识生产的重要研究领域（Tribe & Xiao，2011）。本研究的理论意义，首先表现在研究视角新。自 Jafari 和 Aaser（1988）开启了对旅游博士论文研究的先河，各国都有不少学者以旅游博士论文作为研究对象进行研究，专注于旅游博士论文的研究呈指数级增长，但从未有学者就酒店及旅游管理专业博士论文做研究，更鲜有学者对博士论文的知识生产路径和应用意义做研究。本研究从社会实践和科学研究两个层面对博士论文知识生产路径做了全新的诠释，对知识应用意义做了本土化研究情境下的建构。其次是研究内容新。香港理工大学和浙江大学联办的 D.HTM 是目前国内唯一的酒店及旅游管理专业博士课程项目，通过对该项目毕业生学位论文的探究，不仅是对该项目课程设置及教学实践的评价与反思，更重要的是站在中国旅游教育实践与发展角度看旅游知识生产与应用。当下，旅游教育急功近利不仅导致质量下降和规模效益下降（Du，2003），还导致了旅游教育渐渐偏离了旅游的必然规律（Lam & Xiao，2000），这样的批评性反思显然是不无裨益的。最后是研究结论新。对博士论文知识生产和应用，站在哲学层面反思，本研究构建了 D.HTM 博士论文研究对象、研究方法、研究支持理论并以可视化图表呈现，绘制了 D.HTM 知识树。这些研究成果，不仅丰富了对旅游博士论文的研究，探讨了博士论文知识生产路径和意义，更重要的是对中国旅游教育未来的发展提供了实证案例素材，也为未来中国旅游教育课程设置、教学安排等提供了新的思路和对策。

3.2 研究的现实意义

这是一篇基于批判性思维导向的文章，其研究成果寄希望于能给予具体实践以帮助。本文不仅重新审视了旅游教育和实践，对在职专业博士课程实际成果予以展示和分析，也给予了后续学习者以清晰的知识生产路径指引，同时也是一篇好的博士论文学习的样板。无论对旅游教育的课程设置、教师教学与学生学习都具有一定的参考价值和借鉴价值。

4. 文章结构

4.1 研究范式结构图

研究过程，就是一个思考和创新的过程，一个探索未知的过程。人类对社会认知是基于他们自己的观念，并对未来的行为和互动作用产生重大影响。本研究的研究范式是建构主义范式，以一个"旁观者"的视角，审视 D.HTM 旅游专业博士生们的博士论文在旅游研究方面的知识生产和应用，这是一个对旅游专业博士论文知识生产和应用进行探索性研究的过程，从其方法论的讨论、研究方法的选择、样本的抽取、数据的收集以及数据的分析等方面做进一步的反思。本研究遵循了定性研究的建构主义范式（BRUNER，1994），从哲学的角度来寻找研究问题，并以此帮助建构研究设计框架。

旅游更像是一次对人生哲学的思考（肖洪根，2016）[①]。从不同学科的理论视角和哲学立场对研究过程的多元化反思，显然有助于把握旅游现象的复杂性（Ajanovic & Çizel，2021）。建构主义范式是假定相对的本体论，这意味着建构主义范式可以支持对于多元化现实认知的各种观点同时共存，而不是某一单一的真理或确定性概念。这样的本体论立场更适合本研究，因为它有助于笔者从旅游专业博士生们不同的背景和工作经验，探索和探讨旅游专业博士生们由于学科背景、职业、选题方向、研究方法选择等差别造成的可能完全迥异的看法和观点。

库恩的科学范式认为，包括所有的知识在内的现实的意义本身，都取决于人类的实践过程，是在人们与其所在的环境之间相互作用中建构的，并且在社会背景的基础上发展和传播。因此，可以通过反思这样的建构对其个人的意义，作为研究的准备，从这个意义上讲，本研究对旅游专业博士在旅游研究方面的知识生产与应用的研究也算是对研究者研究过程的一次反思和对知识生产和应用的重新建构。笔者作为旅游专业博士生其中的一员，这样的反思为本研究的准备和最终的完成奠定了基本的哲学思考的范式。有了这样的认知，本研究的研究范式结构图呼之欲出（见图1-1）。

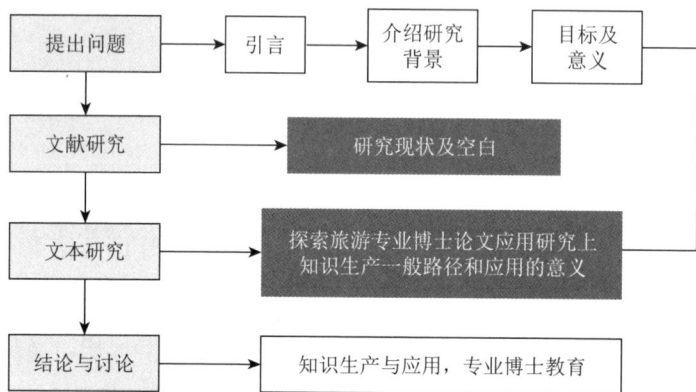

图 1-1　研究范式结构图

4.2 文章结构

这是一篇基于建构主义研究范式下对 D.HTM 酒店及旅游管理专业博士论文知识生产和应用性研究回望与反思的文章，也是率先系统性揭示酒店及旅游管理专业博士论文知识生产路径和应用意义的文章。

建构主义研究范式主张批判传统实证主义中的理性主义取向以及方法论中的客观主义和绝对主义等，强调思维视角上的建构性、社会性、互动性和系统性与方法论上的相对主义。批判性思维作为一种独特的思维方式，不仅是人类文明进步的重要条件，也是创新驱动的重要前提（陈振华，2014），因此本文也是回应旅游教育需要根本性的转变，包括课程、课程设置、教与学（Hsu，2018），以应对当前旅游业面对合格从业者的需求和未来的增长，给教育带来的巨大压力（Gu，Kavanaugh，& Cong，2007）。

围绕本书研究重点，全书共为以下五个章节：

第一章：绪论。主要是在介绍了研究背景的基础上导出研究问题，明确了研究目标，并对专业博士和学术博士做个总览介绍，描述了本研究使用的理论与理论主张，确定研究范式结构图，对研究的理论意义和现实意义做了阐述。

第二章：概念界定与文献综述。本章节对知识、知识生产、知识应用三对核心概念做了界定和评述，回顾了博士学位和专业博士学位的区别，了解了博士论文结构化要求；基于旅游应用学科特点，阐述了理论与实践关系，并重点对中外学者对旅游及酒店管理博士论文所进行的研究做了详尽评述，对将旅游研究知识生产形象化比喻为嫁接和扦插的一般路径做了剖析。在绪论与文献综述的基础上，笔者的笔触与思绪更多的在于反思。反思我国正面临着既能满足现实需求又能应对未来发展需要的旅游人才匮乏的挑战（Lam & Xiao，2000），笔者希望通过对 D.HTM 博士论文的研究找寻到既能满足酒店及旅游行业的升级需求（Raymond J. Goodman & Sprague，1991），又能用来弥补旅游教育课堂和现实世界差距的有效方法（Kim，Lin，& Qiu，2015）。

第三章：研究文本与研究方法。本章节主要介绍了 D.HTM 课程项目和 2016—2022 年 D.HTM 毕业的博士基本情况，重点对研究文本的选择原因、编码原则和具体研究范式、研究方法、研究策略和研究过程做了介绍。本研究基于研究目标与设计的问题，采用建构主义的研究范式，运用内容分析法对

2016—2022 年 88 篇以中文为主要写作语言的酒店及旅游管理专业博士论文作内容分析，最终通过作为研究者的"我"和被研究的文本和文本作者之间的互动，寻求酒店及旅游管理专业博士论文知识生产路径以及知识应用意义的建构。

第四章：博文概览。本章节笔者对 88 篇 D.HTM 博士论文研究样本做了总览，介绍了研究样本的基本情况后，从研究对象和研究方法两个方面对研究文本的内容进行了分析。研究显示，旅游研究的发展，随着新课题的发现则需要新的选题视角和方法论（Dann，Nash，& Pearce，1988）。在应用背景下创造的知识与传统的知识生产方式有很大不同（Costley & Armsby，2007），酒店及旅游管理作为一个独特的实践和研究领域逐渐出现（Lester & Costley，2010），知识生产从追求学术卓越向寻求实践问题解决的转移，最后对 D.HTM 博士论文研究对象、研究方法、支持理论做了可视化图表的呈现。

第五章：见微知著。如果说，第四章主要是对 2016—2022 年 88 篇 D.HTM 酒店及旅游管理专业博士论文从研究对象和研究方法两个层面做了总体性概览，那么第五章则聚焦本研究的核心问题和研究目标，探究酒店及旅游管理专业博士论文的知识生产路径和知识应用的意义。首先介绍了旅游知识观，旅游学科的独特魅力在于认识世界和理解世界与其他学科的差异性视角。其次从科学研究和社会实践两个层面阐述了 D.HTM 酒店及旅游管理专业博士论文的知识生产路径和应用意义。最后就 D.HTM 知识的输出做了简要介绍并绘制了 D.HTM 论文研究"知识树"。

Part 2

第二章　概念界定与文献综述

1. 相关概念的界定

1.1 知识

倘若需要对一个耳熟能详的词汇下个准确的定义，人们往往显得束手无策。譬如，什么是知识？要对什么是知识的问题做出回答，显然是非常困难的。之所以困难，究其原因，无外乎在日常生活中，人们甚少就形而上的哲学问题进行思考。何况"知识"概念的外延非常宽泛，很难对"知识"概念的性质、类型、范围、层次做出界定，不同的人对什么是知识的陈述都有不同的认知和结果。由此又带来知识概念内涵的多样性。知识外延的宽泛性和知识内涵的多样性，带来了知识概念的复杂性和不易陈述性。与此同时，在逻辑上，若回答了"什么是知识"，必然带出"什么不是知识"这样新的问题。"什么是"和"什么不是"，"为什么是"和"为什么不是"并没有一个清晰的边界，即评定"什么是（或不是）知识"的标准并不统一。界定知识的标准不统一和认知上的迭代发展，"什么是知识"的确是个问题，而且是一个深刻的哲学问题。

关于知识定义的研究更多是集中于哲学层面的讨论，在西方哲学中，"知识"最先是由苏格拉底在同怀疑论者的斗争中提出来的，指关于事物的普遍定义。从苏格拉底的"什么是（真的）？（真的）是什么？"发问后，柏拉图、康德、黑格尔、笛卡尔、培根、福柯等都从不同层面对知识下过定义（Styhre，2004）。柏拉图把这个"普遍定义"改造为对必然的不变的对象即理念（idea）的认知状态。与定义、理念相对应的是"意见（belief，doxa）"，指的是关于感性事物的认知状态。柏拉图之后，特别是笛卡尔、康德、黑格尔等西方哲学家提出了系统的知识论，即关于知识的来源、性质、范围和发展规律的理论。

《现代知识论》的作者，美国人托马斯·E. 希尔将知识分为三类①：一是知识的性质或认识论术语的意义；二是认识的证实或知识的标准；三是认识经验与认识对象之间的关系。西方哲学界普遍认为，知识具备三个特征，被证实的（justified）、真实的（ture）和被相信的（believed），又称为 JTB 理论（胡军，2008），知识被认为是人类在改造世界的活动中所获取的真理、原则、思想和资讯的总称。根据牛津词典的定义，知识是指对一门学科的理论和实践的理解。Hall 和 Andriani（2003）为知识下了一个广义的定义：知识是那些所有有可能影响人类思想和行为的因素，这些因素有时也允许解释、预测，并影响对客观现象的看法（Hall & Andriani，2003），从这个广义的知识定义可以看出，知识包括技能、专门知识、能力和经验（Beesley，2004）。

《辞海》②对知识是这么定义的，人们在改造世界的实践中所获得的认识和经验的总结，借助于一定的语言形式或物化为某种劳动成果。从这个词条看，中国文化背景下对知识的理解，强调知识从实践中来并运用于改造世界的实践。

中国古文中，"知"和"识"是两个具有独立意义的单词（字），先知后识。其中"知"与"智"可通用。如《论语·子罕》中"知者不惑，仁者不忧，勇者不惧"，此处的"知"与"智"通假，知者即为智者，智者无惑。而在《论语·为政》中的"知之为知之，不知为不知，是知也"，这句话，前两个"知"是现在意义上的"知"，有知道、知晓的意思；最后一个"是知也"的"知"，则通假"智"。可见，在古文中，"知"和"智"既可通用，也可单独使用。通用的情形多是在指向"人"时，知和智可以通用，指有智慧的人。而在指物时或者做动词时，"知"的意思是知道、知晓的意思。

在古文中，"识"的含义更加丰富。《诗·大雅》中"不识不知，顺帝之则"。这里的"识"谓"知也"；在《左传·襄二十九年》"吴公子札聘于郑，见子产如旧相识"，这里的"识"是认识的意思。而在《老子·道德经》的"前识者，道

---

① 希尔对知识分类的根据是他对认识论基本问题及其嬗替的看法。参见《现代知识论》，中国人民大学出版社，1989。

② 上海辞书出版社，1999 年版。

之华而愚之始"、《庄子·缮性篇》的"道固不小行，德固不小识"、《扬子·法言》里的"多闻见而识乎正道者，至识也。多闻见而识乎邪道者，迷识也"的"识"是"知后的识别"，故有先知后识之说，更多强调的是对"知"的应用。

朱熹首次将"知"与"识"连在一起，合成为一个新的词组，并赋予这个词组新的内涵。朱熹在解释《大学》里的"格物致知"时认为，"知，犹识也。推极吾之知识，欲其所知无不尽也。（参见朱熹《大学章句集注》）"。在这里，"推极吾之知识"，强调的是对"知"用于"识"，从"识"中获取"新知"。这就是所谓的"知识的应用"，强调的是学以致用，强调的是知识在应用中的转移和产生新的认知，从而形成知识的迭代螺旋式的生产递进。

基于本研究的核心问题，笔者并不想纠缠于什么是知识，而侧重于对知识生产过程中"知行合一"的解读和对"学以致用"意义的诠释。

1.2 知识的生产

知识有着截然不同的时间结构，横跨过去与未来。如前述，知识总是随着社会进步而处于逐渐积累和迭代变化的。这个过程，就是知识生产的过程。从字面上理解，知识生产就是知识的生产。

所谓知识生产是指人们在物质生产的过程中发明、发现、创造各种为物质运动的转化提供条件与能量来源的思想、观点、方法、技巧等。知识生产被许多人视为当代知识经济的基本特征（Styhre，2004），并可以用来创造竞争优势的重要方式（Beesley，2004；Styhre，2004），因此知识的生产、获取、吸收、复制和传播受到了经济地理学家和来自管理和商业学科的研究人员的广泛关注（Howells & Bessant，2012）。

联合国经济合作与发展组织（OECD，2017）认为，知识被视为全球经济增长的基础（OECD.The knowledge-based economy[①]），国际经合组织将知识生产定义为个人、团队或组织开发、提供新知识和实践的境况。

知识生产有两条路径：其一，是社会实践；其二，是科学研究（张康之，2018）。这就是"从实求知"。在认识论的引领下，在"明晓事理"中形成知识和知识的生产（张康之，2021）。如何"从实"，怎样"求知"，则是知识生产

[①] https://www.oecd.org/sti/sci-tech/1913021.pdf.

模式。博士生们是知识生产的重要群体。博士生在研究过程中的知识生产伴随着新的知识产生（杜月升，1999），并通过博士论文等方式呈现出来。

关于知识生产模式转型的讨论始于科学社会学创始人默顿（Merton，R.），目前知识生产模式正在从单纯追求学术卓越到关注问题解决再向突出协同创新的"模式 3"的重大转型（白强，2020）（见表 2-1）。

表 2-1　知识生产模式、目标及特征

知识生产模式	目标	特征
模式 1	追求学术卓越	1. 知识生产目的的"超功利化" 2. 知识生产主体的"组织化" 3. 知识生产活动的"制度化" 4. 知识生产场域的"孤岛化"
模式 2	注重问题解决	1. 知识生产目的的"市场化"。 2. 知识生产主体的"多元化" 3. 知识生产成果的"创造性" 4. 知识生产场域的"社会化"
模式 3	协同创新	1. 知识生产主体的"聚合性" 2. 知识生产活动的"非线性" 3. 大学与社会关系的"无界性"

［笔者根据白强（2020）自行整理］

1.3 知识的应用

一国竞争力最终取决于其利用知识的能力（Ruhanen & Cooper，2015），利用知识就是知识应用。知识的应用（application）就是把知识用于解决实践中产生的问题。利用知识的能力体现在知识应用的深度和广度以及解决实践中产生问题所带来的效用。

知识天然的具有文化属性。中华文化之所以不同于其他文化，其思想来由仍应追溯到先秦"孔学"。孔子在塑造中华民族性格和文化心理结构上的历史地位，已是难以否认的客观事实（李泽厚，1980）。在中国传统文化和教育理念中，所谓知识应用，更多强调的是"学以致用"和"知行合一"，从"识"而"知"，由"知"到"智"。譬如孔子的六艺之说。《史记·滑稽传》记载，"孔子曰：六艺于治一也。《礼》以节人，《乐》以发和，《书》以道事，《诗》以达意,《易》以神化,《春秋》以道义"。孔子用"六经"之学传道授业解惑,强调的是学以致用,更重要的是培养学生的人格和智慧。《荀子·劝学》篇中说道,"故《书》者,政事之纪也;《诗》者,中声之所止也;《礼》者,法之大分、类之纲纪也。……《礼》之敬文也,《乐》之中和也,《诗》《书》之博也,《春秋》之微也,在天地之间者毕矣"。可见,传授知识的目的是教人疏通致远、洁净精微;正所谓是,以书数成知,以射御养勇,以礼乐修仁(马一浮,1998),难怪马一浮(1998)先生将"六艺学识"统领儒学之大义,认为,"唯其可以推行于全人类,放之四海而皆准"。

马一浮(1998)认为,自然科学统于《易》,人文社科统于《春秋》,文学艺术统于《诗》《乐》,政经法则统于《书》《礼》,和西方哲学观不同,中国传统文化观对知识的认知,更多源自知识的应用与实践。

中国哲学观下,治学之道即为"楷定名义、先读基本书籍、讲求简要方法"(马一浮,1998),这为我们做学术研究提供了一个基本框架,即沿着"整理内容—规范概念—界定对象—确定假设—提出命题—证实或证伪—划分层次—构建体系"的逻辑做一番艰苦的研究工作(戴斌,1997),而这样的旅游研究对满足未来需求的贡献不在于课程本身,而在于它所提供的"学习知识和日常生活之间的深刻、亲密的联系,以及发展批判性、专注性和反思性实践的能力"(Airey,2015),这就让我们不得不思考理论与实践的关系。

1.4 理论与实践

社会科学研究中,一对最基本的关系就是理论与实践的关系问题。阐述理论与实践的关系,是对知识生产与应用的再认识。

科学研究一方面需要重视理论和表象,另一方面也需要注重实验和干预,建构主义的建构方式不仅是研究单纯的表象,还着重于基于表象基础的干预如何让科学技术和社会因素相互作用,从而形成现代科学的本真形象。理论验证和实践支撑的完整是科学理论形成和发展的两个基本条件。前者需要一个高层次的理论思考,后者要求有科学实验研究作为支撑。理论从实践中生长出来,理论不能脱离实践,理论与实践之间需要相互对话、相互激发,实践则丰富滋养了理论。

真正的学术思想是在不断的知行过程中产生的。随着旅游的发展和旅游研究的深入，不仅形成了为数可观且有价值的"科学知识"，而且也已经开始扬起其哲学的触角（谢彦君，孙佼佼，2016）。站在科学哲学发展观下，明晰理论与实践的关系，是对知识生产与应用最好的再认识。分析理论与实践的关系，当提中国文化传统中的"知行合一"，融入旅游实践而不失理论研究之初心。朱熹说："论先后，知为先；论轻重，行为重。"王阳明说："知为行的主意，行为知的工夫。"知、行都是一个过程，是同一个过程所展开的两个方面。知到真切笃实处即是行，行到明觉精察处即是知。

科学哲学方面的研究表明，科学家对"知识"的理解取决于研究者持有的"范式"（黄德良，1986）。由于不同的范式在本体论、认识论和方法论上存在差异，对"什么是知识""如何认识知识""如何应用知识"这类问题的回答是不一样的。培根认为，人们总是带着一定的知识、观念、情感和意志反映和感知外部世界的，因此在后实证主义、批判理论和建构主义范式下，对知识的认识不是唯一的、不变的或者普适性的（陈向明，2000）。每一项研究都带有自身的独特性，正如赫拉克利特的名言"人不可能两次踏入同一条河流"，我们需要在特定的时空环境下反思旅游专业博士论文在应用研究上的知识生产和应用。

尽管目前中国的旅游学术领域形成了旅游资源、旅游体验、旅游产业三大流派（党宁，代希，吴必虎，2023），但目前的文献中可以看出，所谓的旅游科学共同体还没有形成共识，业界和学界两个社区（two-community theory）的壁垒似乎也没有打破，大多数学者仅仅是针对重要事实（旅游和旅游教育的发展）的确定，并没有找到"一个或一组范式"的"理论"来论证这个事实的可转移性。以笔者目力所及的文献研究发现，缺乏一个"从特殊到一般"这样的科学论证旅游专业博士论文在应用研究上的知识生产与应用的过程，更别论理论的形成与诠释。

库恩的"范式"理论仍然可为"研究问题"的思考提供起点（保继刚，2010），让我们看到了目前旅游研究仍缺乏理论梳理和实践深度。马克思的实践观认为整体社会生活在本质上是实践的，而且强调了实践具有改变世界及解放人的价值目标的功能，并阐述了实践在发展与检验理论上的重要作用。在马克思的实践观传入中国后，"实践"一词在学术研究和应用中已得到了广泛的认知。如强调对"强化实践""回归实践"等概念的肯定，将旅游学术研究自身界定为"一种指向'人'的实践活动"。但若只从认识论层面上看待这一观点，对于把握旅游研究应用实践的全部内涵和学术发展走向是不利的。因此，有必要从旅游学术研究的实践的本体论出发，"知其意，悟其理，守其则，践其行"，进一步分析酒店及旅游专业博士知识生产与应用的本质与特征，探究其知识生产路径和应用意义的内在逻辑。

实践出真知，知识生产及应用是从实践中来，到实践中去，这就是理论与实践的关系。人们在改造世界中认知世界，认知世界过程中形成了知识。显然知识的生产离不开知识的应用，即离不开研究者为主体的创造活动。从知识形成的路径来看，旅游学知识体系的形成需要更多的实践来推动（陈才，邵林静，王淼，于亚杰，2007），有更多的学者开始思考旅游教育与研究领域的理论与实践关系问题（谢彦君，李淼，2017），强调加强理论研究，并将理论用于实践，在实践中提升理论。

1.5 小结

在前述中，笔者就知识、知识生产、知识应用以及理论与实践关系做了阐述。这是对"知识生产"和"知识的应用"在知识论和认识论的诠释。在英语中知识论和认识论是同一个词：epistemology，包含了：什么是知识？知识从哪里来？如何获得知识？建构主义者认为，知识并不是对现实的准确表征，也不是问题的最终答案，它是一种假设、一种解释。知识将随着人类的进步而不断地被改变，并会出现新的假设；在建构主义的知识观下，人们对知识的"接受"需要依靠自己的建构来完成，学习不只是对新知识的理解，更重要的是自己要学会对新知识的分析、检验和批判，这也是本研究的主旨。本研究试图回答，酒店及旅游管理专业博士论文在应用研究上的知识生产"是什么"（哲学思辨）、"为什么"生产（科学实证）、"怎么样"应用（理论对策）。以科学哲学思想观，用跨学科融合思维，审视酒店及旅游管理专业博士在应用研究上的知识生产和应用实践，对范式的本体论、价值论、认识论进行思考，思考范式转移带来的基本问题，这是在"自我认知"和"对世界认知"过程中，探索酒店及旅游管理专业博士论文的知识生产路径和实践中知识应用的意义（见图2-1）。这就需要在不同文化体系中针对不同问题从各自不同语境做出不同的合理陈述，这必将会带来旅游应用研究的新视角、新方法、新趋势（孙九霞，王学基，黄秀波，

2014）。研究者对知识、知识生产和知识应用的审视，是对理论与实践关系的反思，这既是智慧的追求又是智化的过程，也是对哲学在旅游知识的理论发展起到关键的作用（邹统钎，高中，钟林生，2008）的一次回应。

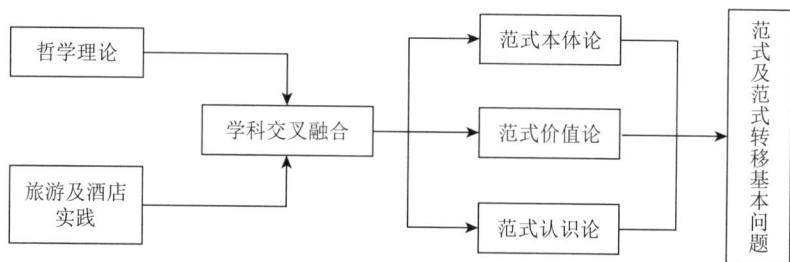

图 2-1　笔者根据（曹诗图，2013）做的本研究范式思维图

2. 文献综述

2.1 博士学位和专业博士学位

博士学位被公认为是各国教育体系中最高的学历资格（L. Ellis，2007），对博士研究生项目分析，有助于建立一个强大的知识体系和学术认同（M. J. Lee，Dopson，& Ko，2017）。

最早的专业博士学位可以追溯到中世纪的欧洲，于 12 世纪中叶由巴黎大学授予，是作为在大学教书或行医的证书。在接下来的 6 个世纪里，特别是在欧洲的法国、德国、英国和意大利大学，颁发的神学、法律和医学博士学位（Bourner et al.，2001；Kot & Hendel，2012），具有明确的专业倾向（Kot & Hendel，2012），有很强的应用属性。

现代意义的研究型学术博士学位直到 19 世纪早期才在德国的柏林大学出现（Bourner，Bowden，& Laing，2010；Gregory，1995），吸引了来自许多其他国家尤其是美国的学生（Bourner et al.，2001）。德国大学教育制度的改革（又称"德国模式"）随后蔓延到世界其他大学。南北战争结束后的 1861 年，耶鲁大学授予了美国第一个学术博士学位（Bourner et al.，2001；Kot & Hendel，2012）。随后，学术博士学位也于 1897 年引入多伦多，1920 年引入牛津大学，授予第一个牛津大学的科学哲学博士学位，最近一次是在 1945 年引入墨尔本（Bourner et al.，2001；

Fenge，2010）。学术博士学位快速增长，显现了学术研究在大学的重要性。

从追求学术卓越到注重解决实际问题，知识生产模式的转化带动了专业博士学位新的发展，已然成为研究生教育中一股新力量。

加拿大在 1898 年授予了第一个专业博士学位（Kot & Hendel，2012），美国哈佛大学在 1921 年授予了第一个教育学博士学位（EdD）（Bourner et al.，2001；Kot & Hendel，2012）。专业博士学位在 20 世纪 80 年代末引入英国，1992 年英国第一个教育学专业博士出现在布里斯托尔大学（the University of Bristol），第一个工程博士（EngD）出现在曼彻斯特大学（Bourner et al.，2001）。1998 年年初在英国 70 所大学中，有 38 所大学的 19 个学科中提供了至少一个专业博士学位，总共开设了 128 个专业博士课程（Bourner et al., 2001）。

在差不多的同时代，专业博士课程引入澳大利亚（Kot & Hendel，2012；Leee，Brennan，Green，2009），1996 年在澳洲有 29 所大学引入了专业博士课程，课程包括教育、商业、法律、心理学、健康科学、人文学科、设计和建筑学等（Poole，2018），几乎一半的澳洲大学开设了教育学专业博士学位（EdD）（Bourner et al.，2001）。目前，美国和英国都有 50 多个，澳大利亚近 20 个专业博士项目（Halse & Mowbray，2011；Kot & Hendel，2012）。

有趣的是，专业博士学位的出现是为了满足有关发展和推进应用研究循证实践的专业人员的需要，起源于教育、临床心理学、工程学（Ellis & Lee，2005），现在对旅游及酒店管理、卫生和社会护理学科都很有吸引力。

学术界对学术博士学位和专业博士学位的认知存在分歧。分歧主要在于"学术的合法性"，通俗地说是对专业博士学位"含金量"的怀疑。一些人认为学术博士和专业博士在价值上是相同的（Allen，Smyth，& Wahlstrom，2010；Neumann，2005），专业博士学位不应该是学术博士学位的淡化版本，而是在博士教育中提供一个有效的选择（Fink，2006；Maxwell，2003），专业博士的研究成果也具有相当的理论复杂性，能够促进该领域的认识与方法论的发展。另一些人认为，与学术博士学位相比，专业博士是第二流的，常质疑它是否是一个"真正的"博士学位（Dreher & Smith Glasgow，2011），一些人甚至断言PHD 才是唯一代表真正的知识和严谨的学习（Ellis & Lee，2005）。

撇开这些认知上的分歧不谈，学术博士和专业博士在课程设计、培养目标和选材范围还是有所差异的，是"专业的研究人员"还是"研究专业的人员"（Professional Researchers or Researching Professionals）（Gregory，1995；Wellington & Sikes，2006）常用于区分学术博士和专业博士。相较学术博士，专业博士更侧重于对在职者的培训（Bourner et al.，2001），将研究置于实际应用的环境中，是从基于实践的证据中产生在现实世界中可用的知识（Dreher & Smith Glasgow，2011），更多是专注于产生可应用于实践的研究（Ellis & Lee，2005），通过研究实践问题，促进从业者的职业发展（Doncaster & Lester，2002），并将研究成果用来解决实践工作中的问题，提高他们作为从业者的技能（Fink，2006），产生可以应用于特定实践领域的研究结果（Ellis & Lee，2005；Fink，2006），成为专业博士课程设置最主要的目标。笔者根据 Bounrner（2001）和 Neumann（2005）的研究成果，梳理了学术博士学位和专业博士学位之间的主要区别，具体如表 2-2 所示。

表 2-2　学术博士学位和专业博士学位之间的主要区别

	学术博士学位（PHD）	专业博士学位
培养目标	培养专业的研究人员	培养研究专业的人员
培养人群	职业学术研究人员	在职的专业发展人员
课程重点	研究重点（强调理论、方法、统计学）	主要在于研究方法和研究领域
理论与实践的整合	研究对现有的理论做出了贡献	研究对现有的实践做出了贡献
研究课题领域	在研究领域内的任何可研究的课题	研究必须对现有的专业实践做出贡献
研究起点	已知的：回顾现有的文献，以确定一个差距	未知：从一个需要调查的问题开始
研究重点	旨在解决文献中的差距的重大贡献	研究应与研究者的实践领域有关
研究类型	最初的调查并不一定是针对任何实际的调查	最初的调查旨在实现知识的实际应用
学习模式	全职、全日制	在职学习
招生选拔	学徒制的研究人员	经验丰富的从业者

［笔者根据（Bourner et al.，2001；Neumann，2005）自行整理］

2.2 博士论文和专业博士论文

学术成就决定了学术研究的地位（Sharpley & Sundaram，2005），虽然一个研究领域的学术成就可以用许多不同的方式来考量,但博士论文在一门学科的发展中起着重要的作用(Brun,1997),特别是在展示其研究成果方面,博士论文为学科发展的成熟度、学术影响力和地位提供了一个有用的借鉴(Das & Handfield,1997)。

博士论文不仅揭示了博士生和他们的导师的兴趣和经验,还提供了对某一特定领域或学科研究的相当水平的见解(Andrews,2003;Lekwa & Ysseldyke,2010)。博士生通常被认为能够综合大量的文献,填补知识体系中的空白(Jack,Stephens,& Evans,2009),因此通过对博士论文的研究,有助于确定研究活动涉及的领域,从而概述未来研究的方向(French & Raykovitz,1984)。

博士论文具有学术性、科学性、创造性、平易性、可检索性(马君,2002),此外,对理论发展是否做出原创的和重大的贡献,是否预测或确定该学科进一步研究的重要领域是什么,成为博士论文审查的共同标准。

一篇 5 万~7 万字的博士论文一般在 27 个月内完成(Perry,1998)。博士论文应该有一个统一的结构。按照 Perry(1998)的观点,一个合格的旅游博士论文,从结构上看,由五个部分构成,包括简介、文献综述、研究方法、研究发现、结论与讨论,Perry 对博士论文的结构化分析成为博士论文写作非常重要的技术指引(见图 2-2)。

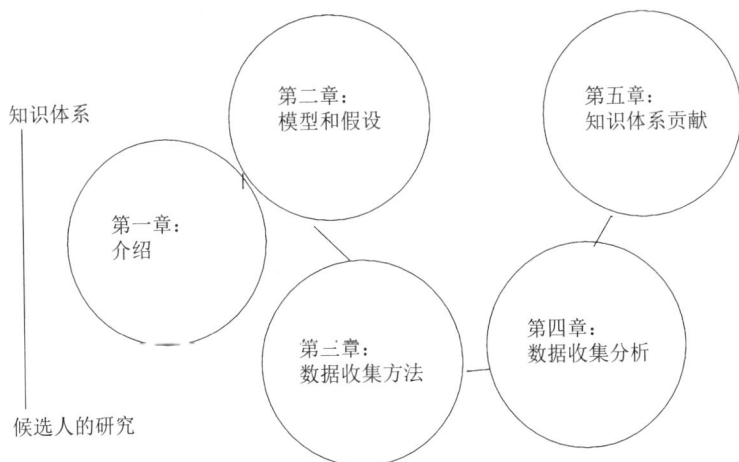

图 2-2 一篇论文章节的模型(Perry,1998)

　　一篇好的博士论文应该是言之有物、言之有理、言之有据、言之有趣。Johnston（1997）通过对 51 位考官的博士论文评审报告进行了定性分析，言之有物，是指论文必须展现对其所研究的领域的知识充分的了解；言之有理，表现在论文做出了独特或重大的理论及实践贡献；言之有据是指论文提供了新事实的发现并表现出独立的批判性思维的独创性的证据；言之有趣，是一篇论文可读性、传播性重要的指标，全文朗朗上口，文学表现得是令人满意的。

　　博士研究生在完成论文后，学校会组织论文答辩委员会，对博士研究生的论文进行答辩评审并通过一个评审报告。报告至少包含以下内容：（1）论文答辩的结果；（2）论文最终获得通过的前提是博士研究生完成答辩委员会导师对论文提出的修改建议和意见的更正和 / 或补充。博士研究生在修改后重新提交论文复审并获得通过，进入知识库（如图书馆等）可供随时检索查阅。

　　目前从现有的文献资料看，对学术博士亦或专业博士论文及答辩的要求看，基本都是按照 Perry（1998）结构化要求和一定的论文评审、答辩、发布、检索、伦理及首创性等要求（Johnston，1997）。

2.3 旅游博士学位

　　美国、英国、澳大利亚和中国的研究都表明了旅游研究是随着经济发展带来的旅游兴旺而发展起来的（Airey，2015）。譬如，在英国，与旅游业相关的博士学位数量飙升，在 1990 年至 2002 年间增长了八倍多（Botterill，Haven，& Gale，2002），对包括博士研究在内的旅游研究的兴趣和参与急剧增加（McKercher & Ho，2006），以旅游研究为重点的博士论文增长一直呈指数级增长，其中美国仅在 2001—2009 年就达到了每年近 100 篇的峰值，而澳大利亚在 2005—2007 年，达到了每年近 50 篇的峰值（Weiler，Moyle，& McLennan，2012）。

　　Weiler 等人（2012）的研究表明，在美国，提供旅游博士论文数量最多的三个学科分别是人类学、心理学和历史学。在加拿大，旅游博士论文来源排名前三的学科分别是地理学、环境研究和城市与区域规划。在澳大利亚的旅游研究博士学位的学科通常包括环境研究、心理学和商业。在新西兰国立大学旅游研究排名前三的学科分别是心理学、政治学和人类学。而在英国，关于旅游的论文数量最多的是经济学领域，其次是人类学、地理学、休闲娱乐（Jafari &

Aaser，1988）。

地理学（或者更准确地说是经济地理学）是旅游学术研究的先驱（Jafari & Aaser，1988）。最早的旅游博士论文是 1951 年在美国克拉克大学完成。这和中国的旅游博士论文产生情况几乎一致。1989 年中国第一篇有关旅游研究的博士论文是楚义芳的《旅游的空间组织研究》在南开大学诞生，开创了我国旅游研究最高层次学位教育的开端。陆林是中国第一位旅游学博士后，他的博士后研究报告《现代国际旅游流研究》1997 年在中国科学院地理科学与资源研究所（北京）诞生，之后中国旅游研究的博士论文数量大幅度增长（陈德广，2004）。到 2000 年，中国的高校和学院已获得 20 个旅游地理学博士学位（Bao，2002）。

在中国，真正意义上的旅游研究始于 1978 年（Tsang & Hsu，2011）。20 世纪 90 年代初，随着开放和经济改革，旅游业和旅游教育得到快速发展（Bao，Chen，& Ma，2014；Xiao，2000），2000 年后，中国旅游研究的学术成果急剧增加，超过一半的文章发表在 2008 年至 2012 年（Zhong，Wu，& Morrison，2015）。旅游相关专业也开始出现在中国高校的历史、地理、经济、外语等院系；旅游管理作为一个独立的博士项目，似乎是在 2004 年之后才出现在少数大学（如厦门大学、济南大学、陕西师范大学）（Huang，2011）。经济学、地理学、管理学等是包含旅游博士研究最多的学科（Bao et al.，2014），在中国的旅游研究更重视以应用为导向和以实践为导向的研究，直接面向社会服务（Feighery，2011）。当然，我国旅游研究还面临着旅游研究者的学术发展、旅游研究的理论建设以及旅游研究在学术界地位提升等重要挑战（Bao et al.，2014）。

目前，我国旅游专业教育已经形成包括研究生、本科、专科（含高职）和中等职业教育四个培养层次（吴必虎，黎筱筱，2005）。但在研究生层面，多数是旅游专业硕士研究生（简称"MTA"）。酒店及旅游管理专业博士层次的培养，目前只有香港理工大学和浙江大学联办的 D.HTM 课程项目。

D.HTM 项目将旅游工作场景的现实、专业知识的进步和大学学术的严谨性结合在一起，具备第二代博士典型特征（Maxwell，2003），将知识生产置于学习的中心，更接近于专业从业者的需求，既具有学术严谨性，又与关注酒店及旅游管理实践的专业从业者领导力直接相关（Lester，2004），让 D.HTM 博士生们成为酒店及旅游行业内具有学术性和有影响力的学习者和领导者。

2.4 旅游博士论文的研究

旅游博士论文是对旅游现象知识生产和促进该领域学术地位的重要文本，呈现出数量越来越多、发表的研究成果越来越多样化之趋势。和考察学术期刊文章一样，考察和研究旅游研究方面的博士论文是学界反思旅游知识生产、知识溢出一个非常重要的内容（Ying & Xiao，2011），据以了解该学科的历史演变和未来发展趋势。早在 20 世纪八九十年代，就有学者对旅游博士论文展开研究，这是一个有趣且有意义的话题，Bao（2002）、Huang（2011）、Lian 等（2016）、陈德广（2004）、曹曦、周春林和田逢军（2010）、董亚娟和马耀峰（2008）、唐顺英（2013）、章锦河和陆林（2003）及朱鹤等（2019）对中国的旅游博士论文进行了研究，概以了解中国旅游研究在博士层次的研究现状、动态和未来的发展趋势。

中外学者对旅游博士论文的研究主要有以下几个特点：

（1）以时间跨度为研究周期，不仅记录了一门学科的历史演变，还可以了解到它的未来。将博士论文放在一定的时间跨度内，纵向对比旅游博士论文研究趋势的变化。

（2）从旅游学科发展角度，探究旅游学科在多学科（或跨学科）融合的态势，思考旅游学科定位与学术地位。

（3）从旅游知识生产角度，试图找到旅游学科知识图谱。

（4）对旅游博士论文研究主要从论文的授予单位，论文摘要、关键词，以及研究方法等方面入手，重点考察授予单位及研究者的身份（Sheldon，1991）、研究方法（Dann et al.，1988）以及研究主题与兴趣（Carr & Hayes，2017）、研究成果和影响力（Weiler et al.，2012），站在建构与批判的视角，从本体论、认识论来解释和认知旅游现象（Botterill，2001）。

（5）对旅游博士论文研究的研究方法也呈现多元化且与时俱进，运用了更多社会学（Canosa，Moyle，Moyle，& Weiler，2018）、心理学（Weiler，Torland，Moyle，& Hadinejad，2018）、统计学等方面的研究成果（Ryan，2018）。

（6）研究样本依然是集中于英文为主要写作语言的旅游博士论文上。以笔者目力所及，仅有 Huang（2011）、Bao（2002）对中国以旅游或旅游地理为主题的博士论文做了分析。连同辉等（2016）采用同词分析法，对中国内地 1989年至 2013 年撰写的 928 篇旅游博士论文的主题词分析，为旅游的研究提供了颇有价值的见解（Lian，Yu，Wang，Yuan，Hou，2016）。陈德广（2004）、董亚娟和马耀峰（2008）以及朱鹤等（2019）对比了中美旅游博士论文在选题、研究内容、研究方法等方面的异同；唐顺英（2013）、章锦河和陆林（2003）对旅游地理学博士论文做了研究，对旅游地理学科的发展趋势做了预测；曹曦等（2010）对 1989—2009 年中国国内旅游类博士论文选题进行共词分析，探讨了博士论文选题的热点领域。曹曦等（2010）对 1989—2009 年间中国国内旅游类博士论文选题进行共词分析，探讨了博士论文选题的热点领域。笔者整理了目前目力所及的各国学者对旅游博士论文进行研究的文献清单，如表 2-3 所示，便于读者从时间跨度看旅游博士论文对旅游学科知识生产的贡献。

表 2-3　从时间跨度看旅游博士论文对旅游学科知识生产的贡献

内容	结论	作者
研究北美和加拿大 1951—1987 年的旅游博士论文	开启了对旅游博士论文研究的先河。更多的社会学科背景人士加入旅游研究，丰富了旅游知识体系创造。博士层面的发展是学术界对旅游业日益认可的重要标志，且这一趋势越发明显（Jafari & Aaser，1988）。	Jafari 和 Aaser（1988）
研究巴西 2005—2007 年在 Capes 数据库入库的旅游博士论文	"旅游"作为一种"现象"进行研究，产生新的认识论（Santos，Possamai，& Marinho，2009）。	Santos 等（2009）
研究北美 1987—2000 年的旅游博士论文	旅游博士论文数量大幅增加。旅游各学科分类更加丰富，体现跨学科多学科特点。旅游研究依然以大学为主（Meyer-Arendt & Justice，2002）。	Arendt 和 Justice（2002）
研究英国 1990—1999 年旅游博士论文	博士论文增长的频率、研究的主题、旅游研究方法的变化。萨里大学是博士论文最重要的贡献者之一（Botterill et al.，2002）。	Botterill 等（2002）
研究中国 1999—2009 年旅游博士论文	介绍了近十年来中国旅游博士论文的学科分布和发展趋势（Huang，2011）。	Huang（2011）

内容	结论	作者
研究埃及 1975—2008 年旅游博士论文	确定埃及旅游研究的趋势和差距（Afifi，2009）。	Afifi（2009）
1989-2000 年中国旅游地理学博士论文	中国旅游地理学博士论文数量、授予大学、研究主题等情况介绍（Bao，2002）	Bao（2002）
2008—2017 年"空间"为主题的中美旅游博士论文对比	在学科构成、科研机构数量方面美国明显强于中国。其他在论文数量、研究主题差别不大（朱鹤，刘家明，龙江智，余玲，李涛，2019）。	朱鹤等（2019）
从论文选题内容看，2000—2008 年中美旅游博士旅游论文	旅游研究呈现多学科、跨专业的特点；旅游学科基础理论研究是现阶段旅游研究的重点；旅游效应、旅游者行为是旅游研究的重要地位（董亚娟 & 马耀峰，2008）。	董亚娟和马耀峰（2008）
通过 1989—2002 年中美旅游博士论文对比看旅游学科的发展	旅游学科建设任重道远，独立的旅游学科体系建设必要性迫不及待（陈德广，2004）。	陈德广（2004）
1998 年起近十年时间旅游地理学科的发展的综述	旅游地理学科在空间的利用、旅游规划、可持续发展等领域，旅游"应用"性学科特点越加明显（C. M. Hall & Page，2009）。	Hall 和 Page（2009）
1974—2013 年，美国、加拿大、澳大利亚和新西兰以旅游研究博士论文中的运用心理学特征	旅游研究中，在动机/目的地选择、旅游行为/经历和态度/满意度是借鉴心理学研究中最普遍的概念主题，而期望价值理论是最常引用的理论。混合和定性方法的使用明显增加。并探索心理学应用趋势在旅游方面的研究（Weiler et al.，2018）。	Weile 等（2018）
研究 1951—2013 年在美国、加拿大、澳大利亚和新西兰四个国家完成的 2155 篇旅游博士论文数据库，探讨人类学和社会学对旅游博士研究的贡献。	认同理论是主导理论，具有社会文化变革、种族和文化的核心概念。研究方法上，定性和混合方法研究增加（Canosa et al.，2018）。	Canosa 等（2017）
研究美国、加拿大、澳大利亚和新西兰四国 1951—2010 年 1888 篇以旅游为重点的博士论文。	博士论文数量增加；心理学、环境研究和人类学提供的博士论文数量最多（Weiler et al.，2012）。	Weiler 等（2012）
对北美 1994—2008 年旅游博士论文主题进行了社会网络分析	旅游作为一个知识领域开放性在增强，活力有所缩小。揭示旅游知识结构性变化（Ying & Xiao，2011）。	Ying 和 xiao（2011）

续表

内容	结论	作者
中国，1989—2013 年撰写的 928 篇旅游博士论文	运用同词分析法，对中国旅游博士论文研究主题进行分析，了解中国旅游博士论文的研究重点，厘清旅游研究的成熟和不成熟领域（Lian et al.，2016）。	Lian 等（2016）
近十年来中国旅游博士论文分析与展望	对中国 2001—2010 年期间 573 篇旅游类博士学位论文，从数量增长、研究者的专业背景、研究内容、研究方法、研究案例区域等角度进行数理分析，勾勒目前中国旅游研究的现状与特点（唐顺英，2013）。	唐顺英（2013）
1998—2001 年中国旅游类博士硕士学位论文分析	从学位论文的数量增长、研究者的专业背景、研究内容、研究方法、研究案例区等角度，揭示了目前中国旅游地理学研究的现状与特点并就未来旅游研究工作提出展望（章锦河，陆林，2003）。	章锦河和陆林（2003）
对中国 1989—2009 年的 286 篇旅游博士论文进行共词分析	探讨了旅游博士论文选题的热点领域，展现了当前旅游学科的研究结构，揭示了博士论文的核心研究主题以及各主题所处状态与内、外部联系（曹曦，周春林，田逢军，2010）。	曹曦、周春林和田逢军（2010）

（笔者根据文献整理）

2.5 旅游研究的知识生产

学术研究对于扩展有关旅游现象的知识至关重要（Sheldon，1991）。博士作为学术研究的主要群体，自然专注于知识的生产（Weiler et al.，2012）。

一切研究都是由一系列公认的规则、传统的方法和规范而进行的，这就是所谓的范式。范式是研究者的基本理论框架和世界观，决定了知识生产的过程，我们对旅游社会科学的基本研究范式和方法进行审视，既是学科自觉的内容之一（马凌，朱竑，2015），也是知识生产和转移的必然路径（肖洪根，2018）。因此，我们在论述旅游研究的知识生产时，首先得说说范式。

2.5.1 范式

范式 Paradigm，源于古希腊文"Paradeiknunai"，其原意是"共同显示"（show side by side）之意。亚里士多德的《修辞学》一书中，希腊语 paradeigma

是一个重要的概念，引申出范式、规范（norm）、模式（pattern）和范例（exemplar）等含义，在亚里士多德著作的拉丁文翻译中，paradeigma 被译为 exemplum（例示），在中世纪和文艺复兴时期的论证理论中仍被沿用。美国科学哲学家托马斯·库恩（1997）在《科学革命的结构》一书中，首次提出"范式"的概念，第一次真正将范式作为一个科学命题研究［哈金，胡新和（译），2013］，探讨科学知识增长的规律（周寄中，1984）。据此，我们不难看出，范式不仅是一项科学成就，同时也是一种未来的科学实践将基于其上的特殊的模拟方式，为科学共同体提供典型的问题和解答（黄德良，1986）。

库恩所说的范式，是一种世界观，一种思考和理解现实世界复杂性的方式。从哲学层面讲，一种研究范式由三个意识形态部分组成：本体论（ontology）即为现实的本质；认识论（epistemology），意为研究者与已知者之间的关系；方法论（methodology）贯穿整个研究过程，表明我们如何得知未知知识的方式和方法。本体论是研究人员关于知识的论断，认识论是个人如何达到这个知识，而方法论则是研究它的过程。因此研究者必须意识到并选择符合他或她对现实本质的信念的范式，因为它影响研究者如何理解事物，解释发生的事情并最终形成研究的范式。

范式决定了研究者的基本理论框架和世界观，并影响着知识生产的过程。范式为学术共同体提供了选择课题的标准、解决疑难的依据、研究问题的方法并规定了科学活动的范围（周文彰，1988），为人类科学研究提供了"特有的研究方法"，用来组织我们观察和推理的基础模型或是参考框架［Babbie & 邱泽奇（译），2009）］。

库恩范式学说对如何从事科学研究提出了一些有价值的见解，这就是方法论。方法论在词源学上源自希腊语，因此，它的字面意思是为追求某个特定目标而进行的一种理性的方式或旅程（Dann et al.，1988），越来越多的中外学者开始将如何发展该学说（或思想，或体系）看作是对范式的再思考（周寄中，1984），从实践观念深入理解科学革命论，强调科学更是一种实践而不仅仅是一种说明（刘郦，1996）。范式理论诠释的科学发展观是科学发展过程中质的飞跃，展示了科学理论在深度和广度的拓展（张莉，2012）。旅游专业博士生们的知识生产也是一种实践，其展示了旅游科学理论在应用研究方面的深度和广度的拓展，成为旅游研究学术共同体的一员。

从认识论看，范式的主体是"科学共同体"，客体是主体实践活动和认识活动指向的对象。旅游研究范式的主体是一个"合法"的学术领域（Andreasen，2002），并形成一个新兴的学术共同体；客体是研究者具体的实践活动和认识活动所指向的对旅游现象，包括人与人、人与地、地与地之间的关系和意义的解释。旅游业持续性发展，为旅游研究运用多种研究方法和开放的研究氛围，带来了关键转折（critical turn），进一步增加了对旅游研究领域新的理解（Bramwell & Lane，2014），什么是旅游、什么是旅游的本质、旅游与休闲、旅游与旅行的关系这些基本问题进一步厘清，旅游研究科学共同体形成（徐菊凤，2011），并由此促进旅游学科的知识生产。

孙绵涛（2003）就哲学观的方法论做了阐述，如图 2-3 所示。哲学范畴论、范式范畴论、方法范畴论是相互作用、相互影响的。20 世纪中叶悄然兴起的多学科旅游研究社会科学研究，承继了科学哲学在本体论（ontology）、认识论（epistemology）和方法论（methodology）三个方面铸就的伟大传统（肖洪根，2005）。哲学范畴论规范和约束了本体论、认识论和价值论。曹诗图（2013）显然是借鉴了孙绵涛的研究成果。范式决定了研究者的基本理论框架和世界观，并影响着知识生产的过程。现象学、解释学、批判主义、建构主义、符号互动，是后现代研究范式转移的集中体现，展示了科学理论在深度和广度的拓展（张莉，2012）。在方法论层面上，孙绵涛忽略了混合研究方法在科学研究应用上的趋势，仅仅是罗列了传统的定性和定量研究方法，没有意识到技术进步或促进对研究方法的改进，这是其在方法论范畴的历史局限性。孙绵涛的研究对笔者非常有启发，笔者对旅游博士论文知识生产路径及应用意义的研究，是在前人研究的基础上，同时又要避免历史局限性带来的认知上的偏差。唯有以历史唯物主义的知识观来看旅游知识发展才能更好地把握旅游知识生产的现状和把握未来的趋势。

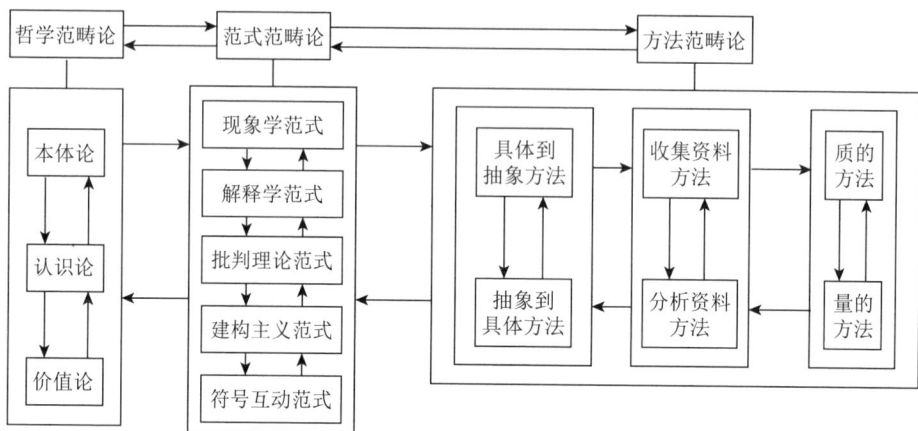

图 2-3　哲学观的方法论（孙绵涛，2003）

2.5.2 范式的转移

艾尔·芭比在《社会研究方法》一书中总结了八种社会科学的研究范式，包括实证主义范式、社会达尔文范式、冲突范式、符号互动主义、常人方法论、结构功能主义、女性主义范式和批判种族理论［Babbie & 邱泽奇（译），2009］。随着旅游学议题的增多，西方旅游学研究经历了从交叉学科到多学科研究再到系统研究方法的范式转变过程，进入 21 世纪又出现了后学科旅游研究方法（左冰，林德荣，2016），没有任何一门学科能够全面理解旅游业（Jafari & Aaser，1988），只能通过跨越学科边界来寻找和形成多学科的视角来进行研究（Echtner & Jamal，1997）。跨学科、多学科研究是社会科学研究的未来，包括旅游业（Cheer，Reeves，& Laing，2013），尽管旅游研究缺乏母学科的"原理论"早已成为旅游学界纠结的话题（Echtner & Jamal，1997；柯华庆，2010），但正是这样的跨学科、多学科研究意味着一个研究领域的成熟（Leiper & Ltd，1981）。由于旅游现象的复杂性，为旅游研究提供了丰富的对象资源，多学科也罢跨学科也好，旅游研究仿佛兼收并蓄的知识"马赛克"（Benckendorff & Zehrer，2013；Laws & Scott，2015），促进了旅游研究多元的学科发展和知识生产（谢彦君，李拉扬，2013）。旅游学研究范式也在不断扩张，出现了旅游地理的空间转向（汤茂林，2018）、旅游社会学的批判范式转向（刘俊，陈品宇，2019），并对旅游和酒店知识做出重要贡献（Wilson，

Small，& Harris，2012）。旅游作为一种社会现象，嵌入在特定的社会经济文化政治系统中，旅游研究也受到后现代主义范式影响，Barthes 的符号学思想、Baudrillard 的消费主义批判、Derrida 的差异思想，Lacan 的语言学思想等后现代研究范式出现在旅游研究之中。旅游实践的如负责任旅游、扶贫旅游、公益旅游、志愿者旅游、软旅游、绿色旅游、非大众型旅游等与游学的研究及教学相互反哺，成为后现代主义思潮在旅游学中的具体反映。对旅游研究范式、方法等研究转向保持开放态度，是可持续的旅游研究保存相当活力的重要议题（Bramwell & Lane，2014）。

在社会科学中，意义的本体论是不可动摇的（Wakefield，1995），因此反思什么是知识，特别是旅游研究知识论意义上的知识，显得尤为紧迫和重要（李军，2016）。旅游业通常被认为是一个跨学科、多学科的学术研究领域（Leiper & Ltd，1981），为旅游研究提供了更多可能的附加维度（Becher，1994），有更多的有识之士开始思考进行知识生产该如何突破学科的边界（唐小媚，2020），更加强调批判性思维和专注于行业领域的发展，这样的兼容并蓄是旅游研究必须要保持的学术自觉（Fullagar & Wilson，2012），旅游研究开始从范式、方法论和跨学科、多学科的角度，对知识生产和理论水平进行反思（Tribe & Xiao，2011）。

"百年未有之大变局"下中国旅游学界亟待构建一套能够应对新的复杂性和新的不确定性的新知识体系。每一次人类历史进程的重要节点，都带来了范式的转移。

在范式选择上，旅游学研究最为显著的特征便是从现代性到后现代性的过渡，这一过渡不仅体现在研究的问题领域和价值取向上，也明确地反映在研究的方法上。范式的转移并不意味否定和替代。所谓范式转移（paradigm shift）就是一次"激进的变化"。这个变化的本质，就是冲破束缚。范式的转移，往往带来了创新和突破，并用一个新概念来诠释、解析对传统范式带来激进改变的创新和突破（笔者找不到更合适的词来涵盖这样的创新和突破，姑且用"新概念"来表达）。这个诠释、解析往往也带来了知识的生产和创新应用。

哈金（2013）认为，对范式的再思考，其探讨的问题不外乎以下三类：

（1）重要事实的确定；（2）事实与理论匹配；（3）理论的诠释。旅游持续发展，带来了旅游研究和旅游教育的发展，这是不争的重要事实；旅游理论研究和实践应用与旅游发展并不匹配，这也是重要事实。缺乏理论的诠释，仍是重要的事实。在这样背景下，我们思考事实与理论匹配，并对理论予以新的诠释，这对旅游专业博士论文在应用研究方面的知识生产和应用就显得尤为重要。

2.5.3 旅游研究的知识生产

大多数知识是基于某种形式的内隐或外显性的理论呈现（Smith，Xiao，Nunkoo，Tukamushaba，2013）。旅游的知识，基于学者不同的学科背景对旅游现象（人与人、人与地、地与地相互作用，互指勾连产生的现象和赋予现象的意义）具体的或行为、或后果做出"解释"，由此产生新的知识。这些知识有些上升为理论，有些指导具体旅游实践，这就构成了旅游知识生产的主要内容。旅游研究显然没有一个所谓限制性的范式（Tribe，2006）。

嫁接和扦插是植物学专门术语。嫁接，是植物的人工繁殖方法之一，即把一株植物的枝或芽，嫁接到另一株植物的茎或根上，使接在一起的两个部分长成一个完整的植株。在旅游研究上，嫁接则具体表现为借助其他学科的基本原理（理论）为旅游研究服务，产生新的知识。而扦插也称插条，是一种培育植物的常用繁殖方法。可以剪取植物的茎、叶、根、芽等，或插入土中、沙中，或浸泡在水中（在园艺上称插穗），等到生根后就可栽种，使之成为独立的新植株。在旅游研究方面，扦插具体表现为旅游研究借助别的学科研究成果应用于旅游研究中，产生新的具有普适性的理论或原理。因此，旅游"知识树"更多的是"嫁接"或"扦插"其他学科的原理或是研究成果或是研究结论或是研究方法用于解释旅游研究的具体对象，从而或"嫁接"或"扦插"成活新的枝条，建构和解构旅游知识的生成能力，这就构成了旅游知识树的基本面貌（Tribe，2006；Tribe & Liburd，2016），"嫁接"和"扦插"对旅游知识的发展做出了重大贡献（见图2-4）。

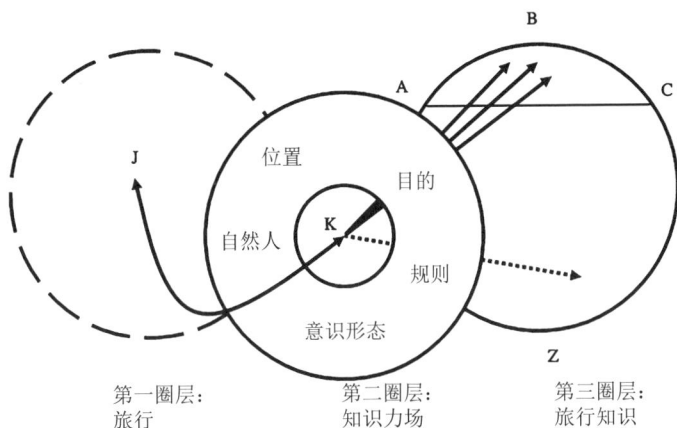

图 2-4 旅游知识的领域（Tribe，2006）

如前所述，旅游知识体系具有多学科、跨学科的特点，笔者将旅游知识体系形象地比喻为一棵嫁接或扦插成活的枝繁叶茂的知识树。首先嫁接的是地理学。自从英国地理学家哈·麦金德将地理学解释为"特殊地区中较有兴趣的特征进行生动和有联系的描述"［Mackinder & 林尔蔚和陈江（译），2010］，用"异常清楚、逻辑严密和深刻的哲学观点"来研究"地理对人类所起作用的途径"，旅游学者嫁接新地理学理论，开启了旅游研究的先河。譬如，在英国和爱尔兰地区，对旅游业的研究最早出现于 20 世纪 70 年代初的地理学和经济学学科中（Botterill et al.，2002）。旅游研究的应用性嫁接表现在知识生产方面就更加明显。如借助管理学、经济学、会计学等，在旅游营销、收益管理、旅游经济、可持续性发展等方面研究成果硕果累累。

旅游研究"扦插"最成功的学科当数人类学、社会学和心理学。到了 20 世纪 70 年代，旅游研究成为社会学、人类学一个重要的主题（Dann et al.，1988），美国是由人类学和社会学提供的旅游博士论文的主要地点（Canosa et al.，2018）。Dann（2005）认为，来自人类学和社会学领域的研究人员是对旅游研究的学术发展的主要贡献者之一，由此生产出新的解释旅游现象的学科理论。例如，人类学不仅为旅游研究带来了田野研究方法，更为旅游研究带来新的视角和理论，旅游人类学一直被西方学者看作旅游学理论研究的主要领域［Aramberri & 谢彦君（译），2003］，如游客与东道主的主客关系［史密斯（Smith.V.L.），2007］，旅游成为"现代化的朝圣活动"，"仪式"成为旅游研究新课题；社会学家麦坎奈尔延续 Goffman（1959）的前台与后台区域理论，在 1973 年提出"舞台的真实性"，首次以社会人类学者的角度观察游客体验与旅游之间的关系，将"真实性"概念引入到对旅游动机、旅游经历的研究之中，从此揭开国际学术界依据不同角度进行"本真性"研究的序幕，成为自 20 世纪六十年代以来旅游社会学研究的核心概念之一，至今研究热情一直不减（唐玲萍，2015）；现代性与怀旧引发了对文化的解释，旅游和文化从此不再遥远［纳尔逊·格雷本 & 张晓萍，刘天曌（编译），2003］；自此现代性、文化、身份等进入了旅游研究的视角。同样地，社会学研究思维纳入了旅游研究中，社会学研究方法成为旅游研究方法重要组成部分［Babbie & 邱泽奇（译），2009］，对旅游理论的争论就转移到社会学家所采用的方法论、认识论、解释论、表象以及话语形式本身上去了（Tribe，2006），凝视、符号、具身吸引等带来旅游研究的新发现。心理学也是对旅游研究做出相当大贡献的学科之一（Weiler et al.，2018），心理学理论拓宽了对旅游动机/目的地选择、旅游行为/体验和态度/满意度的研究，产生了如"推—拉"理论等旅游研究基础理论。

2.6 小结：旅游知识生产的反思

这个章节，我们回顾了博士学位和专业博士学位的区别，了解了博士论文结构化要求，认识到学术论文的基本要素和要求，对旅游博士学位和旅游博士论文研究做了评述，对将旅游研究知识生产形象化比喻为嫁接和扦插的一般路径做了剖析。

旅游研究者以一种反思的态度，即凝视当下的酒店及旅游业，思考和回顾它。正是在这种认知的研究模式中，旅游理论被构建、理解、陈述和检验。因此，学术自觉带来的反思促进了旅游知识的生产和转移。同时，旅游研究理论与实践相结合（谢彦君，李淼，2017），基于更灵活的知识生产模式、多元化、综合和协同作用（Coles，Hall，& Duval，2008），让旅游学科的知识生产彰显了知识的张力（肖洪根，2016）。肖洪根在《旅游学纵横》一书中，有具体的表述①。旅游学科知识的张力，具体表现为两个方面：一是更多体现在吸收周

---

① 关于知识张力的论述，详见《旅游学纵横：学界五人对话录》，旅游教育出版社，2016年第二版。

边学科，实现自身的理论建设和理论发展。二是旅游研究的实际现实指导意义（肖洪根，2013），因此，理论贡献和现实意义也成为知识生产和知识应用最为重要的评价指标。

有研究表明，专业博士入学动机主要是出于个人成就和对知识的追求（Wellington & Sikes，2006）。D.HTM 博士生职业多元化和教育背景多样性，具有更多学科聚集和业务与管理混合的特质（Costley & Lester，2012），他们选读 D.HTM 博士课程的目的可以归类为专业扩展，包括支持重大发展或改变努力，提出一个特定领域的实践，巩固和建立认可领域的专业知识。专业博士课程在推动行业发展和进步以及个人专业发展方面具有重要价值（Costley & Lester，2012）。D.HTM 等专业博士课程，更清楚认知到"模式 2"的知识生产，着重于"问题的解决"，并寻求更坚定地将研究视角放在旅游及酒店实践的工作场所——"更多地进入实践领域，并调整他们的工作方式，从而产生具有实际应用的知识"（Lester，2004）。

旅游业作为一个研究领域和旅游教育本身在 50 余年来已经取得了长足的进步（Airey，2008，2015；Stergiou，Airey，& Riley，2008）。从对文献的研究看，笔者认为，旅游不应仅仅局限在被描述为一门学科，而是基于应用性的一个研究领域，旅游是一个更加复杂的社会文化现象。旅游探究的不只是"旅游是什么"或者"旅游为了什么"，而是"旅游为了什么"，更多是探究旅游带来了什么，旅游改变了什么，旅游的意义是什么。这些可以试图用各种类型的学科方法和范式为理解旅游这个复杂的社会文化现象提供解释。因此，从不同的学科和哲学立场对旅游研究知识生产和知识应用的多元化反思，可能有助于我们把握旅游作为一个领域和现象的最复杂的思想。这为旅游学者和教育工作者提供了机会，来发展我们自己对酒店及旅游业的理解和经验（Ajanovic & Çizel，2021），成为旅游知识观的核心要义。

对照旅游研究发展的一些关键维度（Echtner & Jamal，1997），从上述对文献的梳理，笔者认为当下对旅游博士论文的研究面临三个需要挑战的方面：一是现有旅游博士论文的研究缺少非英文情境下的研究，而以西方情境为研究背景，单一的、重复性框架研究较多。二是随着旅游博士论文对旅游的研究出现了以偏概全的刻板印象，较多的研究是对前人提出的成果进行验证和强化或者延续前人研究套路，逐步形成了研究的思维定式；即便有数篇对中国的旅游博士论文进行研究，但都没有跳出 Jafari 和 Aaser（1988）的研究框限。三是研究主体忽略了对旅游专业博士研究生这个群体的研究，对旅游专业博士论文在基于应用性背景下的知识生产和应用意义的研究是个空白（见图 2-5）。

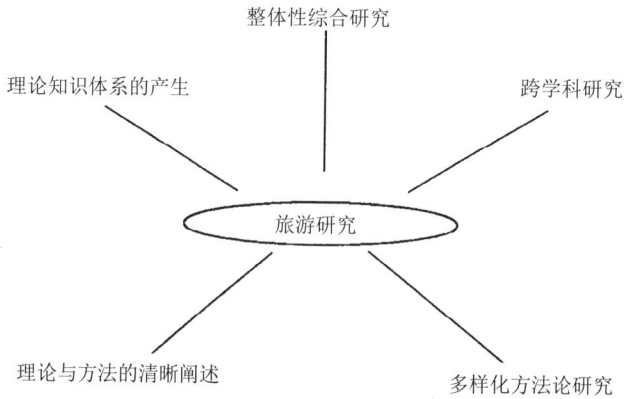

图 2-5 旅游研究发展的一些关键维度（Echtner & Jamal，1997）

Part 3

第三章　研究文本与研究方法

1. 研究文本

1.1 D.HTM 项目（酒店及旅游管理专业博士课程项目）

所谓课程，被定义为一个完整的教育经验（充满各种知识、技能和态度），由一系列的教学大纲及课程内容组成（Tribe，1999）。

D.HTM 是香港理工大学和浙江大学联合举办的酒店及旅游管理博士学位课程（国家教育部项目批准书编号：MOE33HK1A20121287N），D.HTM 课程设置参考美国酒店及旅游博士学位课程设置，倾向于研究和方法训练（Lee et al.，2017），课程重视理论与案例的结合，研究与实践的结合。具体课程如表 3-1。

表 3-1　D.HTM 详细课程（来源于联合中心网站）

核心学科 Compulsory Subjects	
HTM6001	学习技能工作坊（零学分） Residential Workshop（0 credit）
HTM6002	旅游理论与概念 Theories and Concepts in Tourism
HTM6004	酒店与旅游管理环境分析与战略 Environmental Analysis and Strategies in Hotel and Tourism Management
HTM6005	亚洲模式的酒店服务业管理 The Asian Paradigm in Hospitality Management
HTM6006	酒店与旅游管理定量研究方法 Quantitative Research Methods for Hotel and Tourism Management

HTM6007	酒店与旅游管理定性研究方法 Qualitative Research Methods for Hotel and Tourism Management
选修学科 Electives	
HTM6003	酒店与旅游管理教育 Hotel and Tourism Management Education
HTM6008	酒店与旅游管理研究研讨 Hotel and Tourism Management Research Seminar
HTM6009	酒店与旅游管理独立学习 Independent Study in Hotel and Tourism Management
HTM6010	创新的酒店服务业管理解决方案 Innovations in Hospitality Management Solutions
HTM6011	酒店与旅游管理高层行政人员研讨 Hotel and Tourism Senior Executive Seminars
HTM6012	酒店服务业与旅游管理定量方法二 Quantitative Methods II for Hospitality and Tourism Management
博士论文 D.HTM Thesis	
HTM6110	博士论文第一部分（开题报告）（12 学分） D.HTM Thesis I（proposal）（12 credits）
HTM6120	博士论文第二部分（论文）（12 学分） D.HTM Thesis II（thesis）（12 credits）

备注：没有顺利完成硕士层次研究方法学科的学生必须修读 HTM582—研究方法作为选修学科

Remarks: Students who have not completed successfully an MSc level research methods subject must take HTM582 – Research Methods as one of their elective options

　　2013 年香港理工大学与浙江大学旅游管理学院联合举办了 D.HTM 博士学位课程，主要是为了切合那些希望获得酒店及旅游管理专业博士学位的行业高层管理人员、政府与非政府旅游机构和教育工作者的需要而设。D.HTM 酒店及旅游管理专业博士课程项目自 2013 年在内地招生以来，目前共招博士生 200 余人。D.HTM 内地校友及学员的行业分布包括了酒店、旅游企业、教育及政府机构等，几乎涵盖了酒店及旅游业所有的业态、机构和职能部门（见图 3-1）。

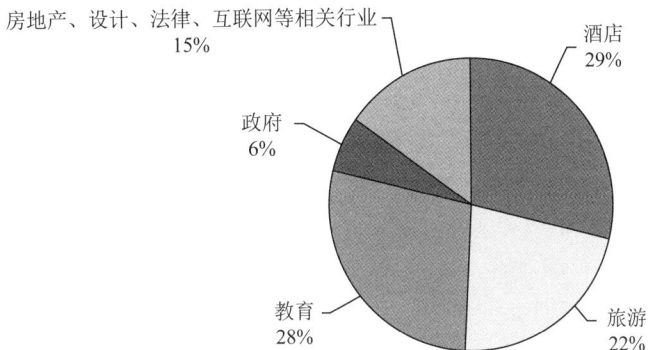

图 3-1　D.HTM 内地校友及学员的行业分布

1.2 基本情况

2016—2022 年一共有 98 位 D.THM 学员获得酒店及旅游管理专业博士学位。其中，以中文为主要写作语言的 D.HTM 学位论文有 93 篇，占比 95%。葛继宏、李军是首批获得酒店及旅游专业博士学位的 D.HTM 学员。自 2018 年起，每年有十位以上学员顺利获得 D.HTM 学位，2019 年、2021 年、2022 年均有超过 20 位学员获得 D.HTM 博士学位（见图 3-2）。

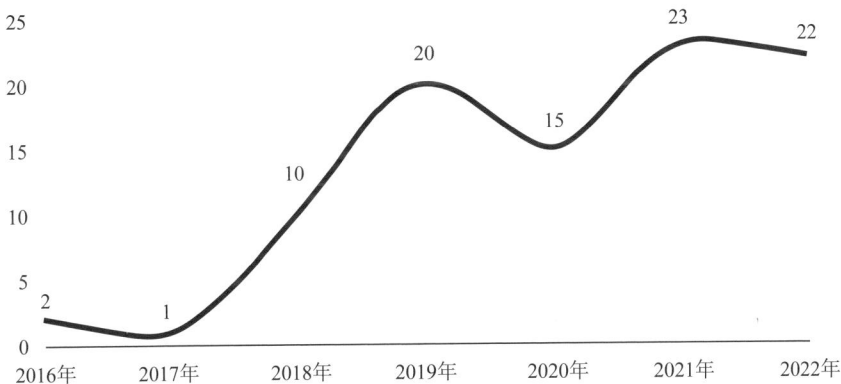

图 3-2　2016—2022 年获得 D.HTM 博士学位人数 [①]

从已毕业 93 位 D.HTM 学员样本数据看：三年内顺利获得 D.HTM 博士学位比例最高的是 2018 级有七位学员；其次是 2015 级有五位学员；2016 级、

①　不含 5 位以英文为写作语言的已毕业学员信息。

2017 级各有四位学员；2013 级、2019 级各有两位学员。2014 级没有学员在三年内获得学位。D.HTM 自 2013 年招生以来，在三年内获得博士学位的比例为 13.7%；获得学位最长时限是八年，2013 年有六位、2014 年有八位。2013 级、2014 级的同学在 2022 年已经到了学习时限，意味着仍有 28% 的学员无法在规定的学习时限内获得博士学位。以上数据表明，多数的学员需要用四至五年的时间才能获得 D.HTM 学位。D.HTM 学习时间远远超过 Perry（1998）所说的获得学术博士学位一般学时，与中国 EdD（教育学专业博士）需要三至七年的完成时间（Wildy，Peden，& Chan，2014）基本吻合。这或许和专业博士是在职学习相关，多数专业博士候选人在学习时间上需要在学习、工作、家庭、社交等多方面权衡（见表 3-2）。

表 3-2　2013—2019 级 D.HTM 学员学习时长（截至 2022 年）

入学年份	学习时长（人数）						合计
	3 年	4 年	5 年	6 年	7 年	8 年	
2013	2	1	2	5	2	6	18
2014		3	4	1	4	6	18
2015	5	7	3		2		17
2016	4	5	4	4			17
2017	4	2	3				9
2018	7	5					12
2019	2						2
合计	24	23	16	10	8	12	93

从性别分布看，毕业学员中，男学员 57 位，女学员 36 位，男女比例为 1∶0.58，男性占多数。

从工作岗位分布上看：高校类有 42 位旅游专业博士毕业，占 45%；企业类（含酒店或旅行社或互联网平台）46 位，占 49%；政府或咨询机构等五位，占 6%。

1.3 研究的文本

如前所述，对博士论文的研究通常被认为是一个学术研究领域成熟度的一个重要指标，因此，它一直是社会科学中一个感兴趣和讨论的话题，在旅游领域也不例外。

本研究选择香港理工大学以中文写作的酒店及旅游管理专业博士论文作为研究的样本，时间跨度是从 2016 年到 2022 年。

早在 1988 年，Dann 等人就判断，"基于时间的数据的统计处理（例如，时间序列分析）可能是未来研究的一个令人兴奋的方向（Dann et al.，1988）"。香港理工大学与浙江大学联办的 D.HTM（酒店及旅游管理专业博士）自 2013 年开始招生，每年录取 25 位学员。学时不超过八年（2019 年起学时不超过五年）。截至 2022 年，共有 98 位学员顺利拿到香港理工大学 D.HTM 博士学位。

渴望运用先进的理论指导酒店及旅游业具体实践。越来越多的人士渴望深入学习和了解酒店及旅游相关理论，追求对旅游研究和实践更深入的了解（Wellington & Sikes，2006），造成 D.HTM 候选学员竞争激烈。自开办以来，每年基本上是在多达 130 位以上的候选人中选取其中的 25 位佼佼者（据联合中心介绍），从笔者目前掌握的数据看，如期毕业率也仅在 75%~80%。

本研究之所以选择 D.HTM 博士论文作为分析对象，是基于其权威性的考虑。香港理工大学在 2017—2022 年上海软科世界一流学科排名的"旅游休闲管理"类别中连续六年位列全球第一，浙江大学位列全球第 28[①]。D.HTM 博士论文代表了香港理工大学和浙江大学联合办学的酒店及旅游管理专业博士学位学术研究的最高水平。

香港理工大学以治学严谨著称。所有 D.HTM 博士论文都要求对国内外相关研究领域的研究进展进行评述，要求引用的参考文献以 PAP 格式注明出处，附上作者的郑重声明和严格的查重率要求，香港理工大学与浙江大学联办酒店及旅游管理专业博士项目得到国家教育部审核认定，也是目前国内唯一的酒店及旅游管理专业博士项目，显示本次研究样本选择的权威性。

具有多部门工作阅历和来自多个旅游业态的 D.HTM 学员产生的旅游知识体系，视为专业精神的关键。选择 D.HTM 内地博士论文作为研究样本，是基于其博士候选人身份的多样性。酒店及旅游管理专业博士论文作者的身份也是

---

① https://www.shanghairanking.cn/rankings/gras/2022.

考察的侧重点之一（Sheldon，1991）。研究者的教育背景、职业等多样性带来了研究主题的多元性。同时 D.HTM 学员都是在职教育，理论与实践结合中产生了新的知识生产和应用。D.HTM 实践与理论相结合的"哲学实践者"的课程设置理念（Tribe，2002），为旅游业知识生产和应用带来了新的思考力和行动力。

此外，选择中文为主要写作语言的 D.HTM 博士论文，不仅仅在于取样和阅读理解的便利，更是香港理工大学 D.HTM 博士课程"直面中国管理实践（陈春花，2010）"，把论文写在中国大地上，知行合一的具体表现。

笔者通过对 D.HTM 已毕业博士生个体基本情况的了解，有助于从另外一个侧面了解 D.HTM 项目。例如，录取率、毕业率、学习时长、男女比例，更重要的是将论文作者身份置于作者应用性研究中的知识生产与应用的时空环境中，将有利于辨析知识生产和应用的路径及意义。

2. 研究范式和研究方法

2.1 研究范式

所谓研究范式是指导研究的基本理念，基于哲学范畴的本体论、认识论和方法论，会直接影响数据的收集和呈现。

酒店及旅游业的性质、与社会的关系以及分析和解释酒店及旅游业的社会学方法都发生了广泛的变化（Cohen & Cohen，2012），研究者从哲学的角度明确自己的研究范式，并以此帮助建构研究设计框架，据以体现研究者的世界观以及思考和理解现实世界复杂性的方式。在社会科学研究中主要有四种研究范式：实证主义、后实证主义、批判理论和建构主义（陈向明，2000）。其中建构主义在本体论上持相对主义（relativism）的态度，认为，"事实"具有多元性，并且会受到历史、地域、情境、个人经验等因素的影响而产生变化。建构主义范式的主要特点是研究社会现实的价值和符号建构过程、强调人的主观性和精神性、强调语言和话语作为社会行动的方式以及知识的社会互动与实践（马凌，2011）。

建构主义的哲学思想可以追溯到苏格拉底和柏拉图的理论中，认为知识来自人类思维的建构。建构主义研究范式主张批判传统实证主义中的理性主义取向以及方法论中的客观主义和绝对主义等，强调思维视角上的建构性、社会性、互动性和系统性与方法论上的相对主义。在认识论上，建构主义认为，人们所持的视角或立场不同，所创造出来的知识就不同（马凌，朱竑，2015），建构主义学者提出了一系列理解和把握行动意义的方法，强调行动者主观意义的建构作用。

本研究将现实材料（酒店及旅游管理专业博士论文）代入到理论研究（知识生产路径和知识应用意义）的方式，是建构主义范式的一个显著特点，因此，从研究范式看，本研究具有建构主义范式典型特征。

本研究以建构主义作为研究范式，对酒店及旅游管理专业博士论文知识生产路径和应用意义进行探究。在本体论上持相对主义的态度，因为每位酒店及旅游管理专业博士生的研究问题、研究视角、研究方法、研究策略是多元的，会因各位酒店及旅游管理专业博士的学科背景、研究视域、研究情境以及研究者个人经历的不同而有所不同；从认识论来说是主观的、交互的；从方法论看，则是辩证的、阐释性的。

本研究的研究范式是建立在"理解"的基础上，强调多重事实，通过移情式参与，试图进入 D.HTM 博士论文中，捕捉酒店及旅游管理专业学位论文研究中知识生产和应用的情感背景，以提高准确度，从而找寻知识生产之路径和知识应用的意义。从本体论看，对酒店及旅游管理在不同情境下呈现的"事实和现象"是有多重解释的，是能够被持续建构和解读的，整个研究过程是在被不断变化和重新建构。对同一的旅游研究对象 D.HTM 博士生有不同的解读，没有唯一的标准，只有不同的版本。从认识论看，D.HTM 博士生们在研究中融入了具体的研究情境并参与其中，与被研究者（对象）之间是主观的关系，其研究所产生的知识或真理不是运用思维去发现的，而是创造出来的，是某个特定视角的产物，不同的立场或视角所创造出来的知识也不尽相同。

2.2 研究方法

本研究是一项对旅游专业博士论文进行内容分析的定性研究。定性研究是一种知识建设的哲学，通常使用数据收集工具，从小样本中产生深入和开放的见解（Connell & Lowe，1997），旨在发现新的理论见解和创新。

本研究使用已获得 D.HTM 博士学位的博士论文作为研究的文本内容，研究的目的是从旅游专业博士论文看酒店及旅游研究的知识生产和知识应用。

从知识生产路径看，有两种最基本的方式——纯理论研究和应用性研究，实际上，许多旅游研究都属于应用性研究，但并没有弱化纯理论研究的作用（盖尔·詹宁斯，谢彦君，陈丽，2007）。所谓应用研究，是指为获得新知识而进行的创造性研究，主要针对某一特定的目的或目标。应用研究是为了确定基础研究成果可能的用途，或是为达到预定的目标探索应采取的新方法（原理性）或新途径，其成果形式以科学论文、专著、原理性模型或发明专利为主，用来反映对基础研究成果应用途径的探索。

酒店及旅游管理专业博士面向业界、学界实践研究问题，应用属性明显。应用研究是相对基础研究而言的。基础研究是为了认识现象，获取关于现象和事实的基本原理的知识，而不考虑其直接的应用；而应用研究在获得知识的过程中具有特定的应用目的。应用研究的特定应用目的不外乎两类：或是发展基础研究成果确定其可能用途，或是为达到具体的、预定的目标确定应采取的新的方法和途径。应用研究虽然也是为了获得科学技术知识，但是，这种新知识是在开辟新的应用途径的基础上获得的，是对现有知识的扩展，为解决实际问题提供科学依据，对应用具有直接影响。

建构主义范式下的研究方法主要有理解与释义方法及表征研究法（马凌，朱竑，2015），强调的是人的主观性和精神性，其主要特点强调知识的社会互动与实践（马凌，2011）。D.HTM 作为一个以实践为基础的博士课程（Banerjee & Morley，2013），本研究重点在于旅游专业博士论文展现在知识生产和应用中的"新知识"，是在开辟新的应用性研究的基础上获得的，并对现有知识的扩展（知识生产），为解决实际问题（知识应用）提供科学依据，对旅游研究实践应用具有直接影响。因此，具体到本研究，最适合的研究方法是内容分析法，笔者专门就内容分析法做个介绍。

2.3 内容分析法

内容分析法（content analysis）是研究人员通过对被记载下来的人类传播媒介，如文本、语音、图像、视频等，用来识别、分类和分类交流内容中的趋势的一种方法［Babbie & 邱泽奇（译），2009］。这是一个定性的研究过程，利用一组程序从文本中作出有效的推断，用来识别、分类和研究内容趋势。

内容分析法是被广泛运用的一种有效的数据收集方法，这种方法包括从书籍、期刊、官方记录、个人笔记（如信件、日记等）和其他相关文件（如电影、视频）等来收集数据，在休闲和旅游业的研究中扮演越来越重要的角色［A. J.Veal，聂小荣，& 丁丽军（译），2008］。内容分析法用于针对研究对象的内容进行系统的、客观的深入分析，得以用来描述休闲和旅游业研究者以及他们的研究对象的活动，相当于问卷调查、访谈或观察的替代品。博格（2007）认为内容分析是对资料的特定部分进行细致的、具体的和系统的考察和解释，以便确定其模式、主题、倾向和意义。内容分析通常作为定性研究的一种形式，不仅是分析资料自身所呈现的内容而更应该着重分析所隐含的潜在的深层结构和意义，内容分析超越了对事实的主观看法，在解构和理解文本内容信息方面是客观的。具体而言，是探索、调查和检验文本中出现的态度、思想、模式和观点的分析方法的集合，根据研究的目的对所获取的原始资料进行系统化、条理化，然后用逐步集中和浓缩的方式将资料反映出来，其最终目的是对资料进行意义解释。

博士论文反映了一个研究领域或学科的最新重点（Nelson & Coorough，1994），对学位论文的内容分析已经在各个领域进行，包括旅游领域。Insch，Moore 和 Murphy（1997）的研究进一步支持了内容分析是分析书面文本材料的合适方法的观点（Insch，Moore，& Murphy，1997）。

内容分析既可以是理论驱动，也可以资料驱动。在对文本内容做具体分析时，首先整理出有规律的内容，然后根据本研究者的经验系统分析内容所包含的更深层的意义，最后总结揭示和解释内容所隐含的规则和意义。它通常遵循四个步骤完成：确定数据来源、收集资料、编码和资料分析（曾忠禄，马尔单，2011）。

数据来源：文本分析首先需要根据研究主题来确定数据资料的主要来源和搜索范围，它是整个文本分析工作的起点。笔者从浙江大学—香港理工联合中心处获得 2016—2022 年已取得酒店及旅游专业博士学位同学信息，相关学位论文主要从香港理工大学图书馆下载获得。

收集资料：笔者于 2022 年 11 月 7 日检索发现，目前被香港理工大学图书馆收录库的 D.HTM 以中文书写的博士论文时间区间是 2016—2021 年，五年间共收录了 64 篇以中文为主要写作语言的 D.HTM 博士论文。2022 年毕业的 22 位同学以及以往年度毕业的七位学员，合计 29 篇学位论文因各种原因无法在图书馆查询到。为了尽可能获得多的研究样本，笔者通过联合中心老师、校友微信群等渠道，最终获得 86 篇学位论文和两篇论文摘要。截至 2023 年 4 月，本文即将截稿时，仍有五篇已经获得 D.HTM 博士学位同学的博士论文因为各种原因无法获取。

编码：编码是文本分析的一个关键点。它通常是一个将非结构化信息或半结构化信息转换为结构化信息的过程。本文基于酒店及旅游专业博士论文在知识生产与应用分析时，首先是通览全文，将论文标题、摘要、关键词进行处理，得到反映博士论文研究主题、研究视角或研究方法的词语。其次，梳理知识生产过程和产生的路径，这时需要不仅从论文的标题、摘要、关键词上获取相关信息，还需要通读全文，从全文框架上梳理论文产生所处的背景、选题的缘由、运用的理论或原理、采取的研究范式和研究方法，知识输出所具有的理论和实践意义等。鉴于本研究总的样本数相对较小，主要采取人工分词的方式，尽管其效率较低，但可以"精耕细作"，不仅准确性较高，还能对文本内容做深度挖掘和分析。

编码是研究者对资料进行分析的基本概念框架，是对文本资料进行解读的一种方式。陈向明老师说，"在我们的自己的研究中，我们还必须考虑到自己研究问题的特殊要求以及自己所关心的事情，建立自己相应的编码系统（陈向明，2000）"，笔者从本研究的核心问题出发，依据酒店及旅游专业博士学位论文的研究问题、研究对象、研究地 / 场所建立本研究的编码系统（见表 3-3）。

表 3-3　编码节点

一级节点	二级节点		三级节点	
研究问题	研究对象		场所 / 地点	
	对象	类属	场所 / 地点	案例地

资料分析：主要采取频率统计、聚类分析、相关分析等方法，借助 Excel 将有关信息进行组织和分析。

为了便于对所选取的全部 D.HTM 博士论文做结构化分析，本研究者对论文文本采取分类原则按照"类属"进行。类属是资料分析中的一个意义单位，代表资料所呈现的一个观点或者一个主题（陈向明，2000）。本研究者以"研究对象"作为一个类属单位。将研究对象类属分为对旅游者（含旅游者、游客、顾客、东道主）、旅游教育 / 培训、市场营销、旅游经济、特殊旅游（方式）、组织发展、政策 / 法规、满意度、乡村振兴、地方文化等。在做具体归类和划分时，采用内容分析方法和关键词统计法，对 86 篇 D.HTM 酒店及旅游专业博士论文和两篇论文摘要，从论文的题目、摘要、关键词进行分类，并对这些博士学位论文的研究问题、研究对象进行提取、统计。

笔者通过对 D.HTM 博士论文的内容分析，能够确定这些酒店及旅游管理专业博士论文的研究问题和研究对象，从现实背景和理论背景来分析研究问题产生的缘由；分析依托何种理论和具体的研究方法是如何解决研究问题达到研究目的的，探索旅游知识结构，并对这些结构进行分类，从研究成果的现实意义和理论意义，显示旅游专业博士在应用研究知识生产和应用方面的趋势。内容分析法正适合笔者从论文的题目、主题词、摘要、研究方法、主要理论贡献和实践意义等方面展开剖析式分析，运用解释学的方法，以期达到酒店及旅游管理专业博士论文知识生产路径和应用意义的理解和释义。

约翰·厄里（1990）在他的《旅游者观察》（The Tourist Gaze）中曾这样写道，旅游业的研究应该涉及对文本的认真研读，通过各种方法（主要是定性方法）去解析文本（Urry，1990）。内容分析法在对学术知识生产和知识贡献方面经常使用并取得相当的科研成果（Crawford-Welch & McCleary，1992）。

本研究探究的是 D.HTM 博士论文知识生产和应用的"事实"，及该事实的价值和意义建构的过程，以确定它的主题和主要贡献。笔者通读了最终获得的 2016 年到 2022 年毕业的以中文作为写作语言的 88 篇 D.HTM 博士论文并进行了文本分析。这些博士论文样本选择的价值在于，通过对论文文本的研究，和论文作者产生互动，成为了解知识如何创造出所研究现象的新结构，对旅游现象理解和认知有了新的视角，构成了另一项研究。

Part 4

第四章　博文概览

博士学位论文是完成学位的主要要求（Lee et al., 2017），展现了学生独立从事研究的能力和研究成果。基于学术界共识，博士论文作为学术研究的文本载体，代表了学术研究的最高水平，不仅是博士培养质量的体现，也是其科研能力的重要展示，体现了研究的广度与深度。

本研究以香港理工大学和浙江大学联合举办 D.HTM 课程项目、截至 2022 年已经毕业的、以中文为写作语言的 D.HTM 学员博士学位论文作为内容分析主体，收集到 88 篇酒店及旅游管理专业博士学位论文（其中两篇为论文的摘要）。由于各种原因，有五篇没有办法取得，但这并不影响笔者做总体的分析。

对 D.HTM 论文质量方面，笔者从两方面进行考察：一方面，考察这些 D.HTM 博士论文的选题是否涉足了旅游及酒店业的前沿性问题；另一方面，分析这些 D.HTM 博士论文方法论在旅游及酒店业学术科研实践领域中有哪些不同程度的创新。此外，方法论和理论构建、发展和影响，代表了旅游研究中的两个知识领域（Xiao & Smith, 2006），因此在具体行文结构上，笔者从研究对象和研究方法两个层面，对方法论和理论建构、发展和影响进行考察，成为本研究主要的研究内容。

1. 研究对象

每一门学科首先要回答的问题就是其研究对象是什么，旅游学也不例外。要确立旅游学的理论框架必须明确旅游学的研究对象（谢彦君，孙娇娇，2017），旅游学的研究对象是什么，有不少学者给出了答案（陈才 et al.，2007），但由于旅游现象的复杂性、多样性，旅游基础理论薄弱，研究方法"借它性"等多种因素的制约，使得旅游学科在研究对象确立方面仍面临较大挑战，至今仍没有形成统一性、权威性的认识（宋子千，2012，2014）。从广义看，旅游学的研究对象是旅游活动或旅游现象，笔者认同，旅游学是一门研究游客与旅游目的地特征、性质及规律的综合性学科（董霞，2018）的观点，研究的重点是旅游现象的"特征、性质及规律"。

酒店及旅游专业博士论文的研究对象在一定程度上能反映我国酒店及旅游研究的热点、前沿和我国旅游学研究趋势的变化，同时也能在一定程度上代表我国旅游学现阶段的研究现状。"把对对象的研究作为研究对象"（詹姆斯·克利福德 & 乔治·E. 马库斯，2017），对研究对象进行分类排列和序时比较，是自然科学特别是社会科学和人文学科研究人员入门的基本功（戴斌，2022），由于旅游研究涉及多个方面的研究内容，并没有一个统一的分类标准。如何对研究内容进行分类，是由研究者反思的认知、对象和要达到的目标不同所决定的。

在 20 世纪的社会科学研究中引入结构的概念，即研究对象的结构化或进行结构分析成为一种时尚（张康之，2021）。例如，Carr 和 Hayes（2017）从游客行为、目的地管理、市场营销和可持续性四个方面，对旅游学术博士研究趋势做了分析；Ballantyne 等（2009）将从 1994 年至 2004 年的 12 种旅游期刊的内容（共计 2868 篇文章）分为 21 个研究主题领域，包括旅游/游客研究、目的地、旅游规划、市场营销、旅游政策等（Ballantyne et al.，2009），归纳旅游研究的趋势。本研究根据获取的 88 份样本的具体研究内容，以研究对象的类属作为分类，将酒店及旅游管理专业博士论文的研究内容分为十个主题，虽然这样的分类并不具有完全的排他性，一篇论文与两个甚至更多研究主题相关的可能性也是存在的（陈德广，2006），但这大致可以看到酒店及旅游管理专业博士学位论文研究内容的现状。

"人"作为旅游学研究的客观群体（董霞，2018），是 D.HTM 博士论文主要的研究对象，包括了东道主、东道主与游客、旅游者、家庭顾客、个人捐赠等，合计 29 篇，占比 32.95%；组织发展也是 D.HTM 博士论文另一个研究重点，笔者将战略、品牌、绩效、创新、领导力等与旅游企业组织发展密切相关的主题统一归纳为组织发展，合计 20 篇，占比 22.73%；市场营销在旅游学知识体系中，与旅游经济学、旅游管理学密切相关，也是 D.HTM 研究关注的重点，涉及的研究对象有国家主题公园、工业旅游产品、数字化景区等，合计 13 篇，占比 14.77%；笔者将研究对象分为影视旅游、工业旅游、儿童旅游、研学旅游、葡萄酒旅游、奖励旅游等，在旅游知识体系中属于旅游资源（旅游地）开发与管理，笔者统一纳入旅游方式，合计有 13 篇，占比 14.77%。其他的还有旅游教育 / 培训五篇，占比 5.68%；政策 / 法规三篇，占比 3.41%；旅游市场规划二篇，占比 2.27%；乡村振兴、旅游经济、旅游地理，各一篇，具体如表 4-1 所示：

表 4-1　2016—2022 年 D.HTM 学位论文研究对象（单位：篇）

年份	人一人	教育 / 培训	组织发展	政策 / 法规	旅游地理	旅游规划	乡村振兴	旅游经济	市场营销	旅游方式
2016			1							1
2017										1
2018	1	1	3	1					2	1
2019	7	1	8				1		2	1
2020	6		4						2	3
2021	7	2	1	3		2		1	5	3
2022	8	1	3		1				2	3
合计	29	5	20	3	1	2	1	1	13	13

笔者借助 WPS "脑图" 编辑软件，对这 88 篇研究样本的研究对象做了可视化图直观归纳（图 4-1）。

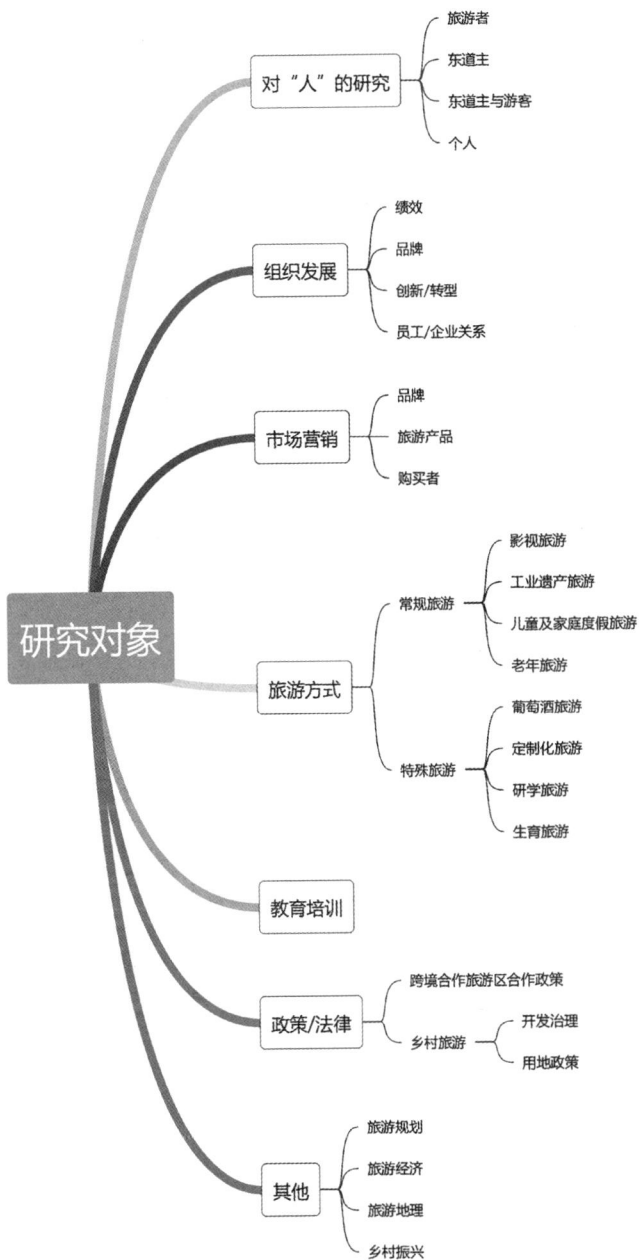

研究对象

对"人"的研究
- 旅游者
- 东道主
- 东道主与游客
- 个人

组织发展
- 绩效
- 品牌
- 创新/转型
- 员工/企业关系

市场营销
- 品牌
- 旅游产品
- 购买者

旅游方式
- 常规旅游
  - 影视旅游
  - 工业遗产旅游
  - 儿童及家庭度假旅游
  - 老年旅游
- 特殊旅游
  - 葡萄酒旅游
  - 定制化旅游
  - 研学旅游
  - 生育旅游

教育培训

政策/法律
- 跨境合作旅游区合作政策
- 乡村旅游
  - 开发治理
  - 用地政策

其他
- 旅游规划
- 旅游经济
- 旅游地理
- 乡村振兴

图 4-1　D.HTM 博士论文的研究对象（2016—2022 年）

1.1 对"人"的研究

无论是从旅游者角度出发的，对动机、体验、情感所进行的研究，还是从东道主居民出发的，对主客关系、文化和价值观进行的研究，都蕴含着人类社会赋予普遍个体的价值判断，也离不开研究者自身经验和知识积累。从选取的88篇论文看，对人的研究包括旅游者（22篇，占比75.86%）、东道主（2篇，占比6.9%）、东道主与游客（4篇，占比13.79%）、个人[①]（1篇，占比3.45%）合计29篇。下面就具体的研究对象做逐一分析。

1.1.1 旅游者

以"旅游者"为研究对象的共有22篇，占以"人"为研究对象的75.86%，显示"旅游者"仍然是酒店及旅游管理专业博士生主要研究的客观对象。其中2016年、2017年并没有学员将旅游者作为研究对象。2018年（1篇，10%[②]）、2019年（7篇，35%）、2020年（5篇，33.33%）、2021年（6篇，26.09%）、2022年（3篇，13.64%），在2019年达到七篇，占2019年总毕业学位论文数的35%，2020年有五篇，达到当年总毕业学位论文数的33.33%，显示出"旅游者"是2019年、2022年毕业的D.HTM博士主要的研究对象之一（见图4-2）。

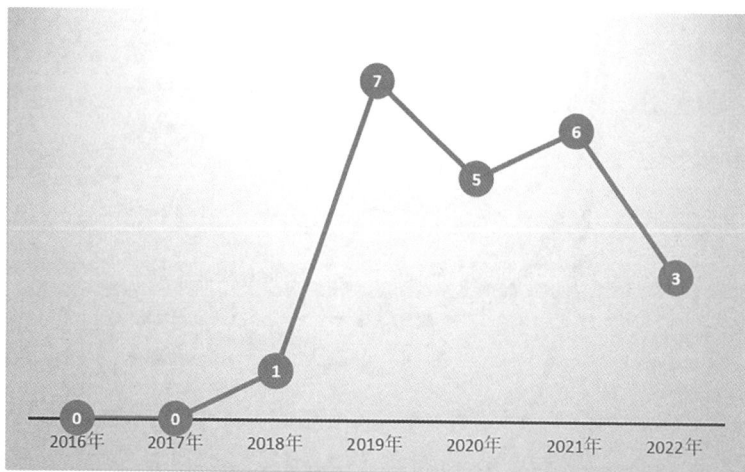

图4-2 2018—2022年对旅游者研究的论文篇数（篇）

---

① 指捐赠的个人，并非真正意义上的旅游者。
② 百分比是指与当年毕业论文总数量的比值，下同。

从具体的旅游者属性看，有传统意义上的旅游者，也有特指某类型的旅游者，如女性旅游者、家庭度假顾客、海外移民、香港研学青少年、老年旅游者、儿童旅游者、入住乡村客栈、下榻酒店或去传统村落旅游的游客、自助游旅客、工业旅游者，甚至还有性少数旅游者。显示了酒店及旅游专业博士生关注旅游者的多样性及研究视角的多元性。具体见表4-2：

表4-2　对"旅游者"研究的D.HTM论文（2018—2022年）

论文题目及作者	研究问题	旅游者个体属性
宏览博物守望非遗——非物质文化遗产原真性展示与本真性体验研究（金浏河，2018）	本真性展示与体验	参观非物质文化遗产博物馆的游客
社交媒体旅游叙事对女性消费者旅游目的地认知和情感说服研究（纪菲菲，2019）	女性旅游者的旅游目的地认知和情感说服	女性旅游者
酒店公共空间设计与顾客体验——以家庭顾客为例（陈静，2019）	酒店公共空间设计与家庭度假体验的关系	家庭度假顾客
基于旅游者视角的传统村落价值追寻（齐炜，2019）	旅游者的传统村落价值追寻	传统意义上的旅游者
社交网络情境下中国人旅游意愿研究（李林，2019）	社交网络情境下出游决策	传统意义上的旅游者
旅行与青少年国家认同感的建构——以香港为例（汤宁滔，2019）	研学旅行的国家认同感建构	境外研学青少年
伦理型领导对顾客满意感知度的影响机制研究——基于乡村客栈的分析（潘金龙，2019）	伦理型领导与顾客满意度	入住乡村客栈的顾客
海外移民返乡家庭旅游中的集体记忆与国家认同（孙艳，2019）	海外移民返乡家庭旅游的集体记忆与国家认同	海外移民家庭旅游者
老年旅游动机与积极老龄化关系研究：以中国（一线）城市老年人口为例（陈元，2020）	旅游动机与积极老龄化	老年旅游者
旅游信息价值对"自助游"客户消费决策质量的影响（刘志华，2020）	旅游信息对自助游消费决策的影响	自助游旅游者
工业旅游体验对企业品牌化的影响（梁曦，2020）	旅游体验对企业品牌化的影响	工业旅游者
基于视频广告的儿童情绪与旅游行为意向关系的准实验研究（邢宁宁，2020）	视频广告对儿童情绪和旅游意向的影响	儿童旅游者

续表

论文题目及作者	研究问题	旅游者个体属性
旅游特色小镇场景下互动体验对旅游幸福感及忠诚的影响研究（黄惠，2020）	互动体验与游客旅游幸福感和忠诚的影响	传统意义上的旅游者
古城旅游者满意度影响因素研究（卢萍，2021）	满意度影响因素	传统意义上的旅游者
酒店过度服务补救的满意度研究及容忍区间探索（杨国强，2021）	满意度及容忍区间	住酒店客人
基于互联网背景下的饭店"未投诉顾客"行为研究（杨富荣，2021）	未投诉顾客行为	住酒店客人
酒店业社群消费者参与和企业平台质量对消费者体验价值的影响研究（陈素霞，2021）	消费者参与和企业平台质量对消费者体验价值的影响	酒店社群消费者
提升退休老年人生活质量的旅游情感体验研究——以生命意义感为中介变量（徐菱苓，2021）	旅游情感体验与提升退休老年人生活质量的关系	退休老年旅游者
森林康养旅游的参与意愿研究（魏东，2021）	森林康养旅游游客的参与意愿、感知与产品特征、满意度及游后意愿之间的关系	传统意义上的旅游者
性少数人群旅游的身份认同与具身体验探究——以中国同志旅游者赴泰为例（向科衡，2022）	性少数旅游者的身份认同与具身体验	性少数旅游者
科技馆人际、人展互动体验及其对学习成果的影响研究：青少年访客的视角（顾敏艳，2022）	人际、人展互动体验对学习成果的影响	参观科技馆的青少年旅游者
凝视与真实——基于话语分析技术（方建伟，2022）	验证、丰富和发展游客凝视、旅游真实乃至认识论的研究	传统意义上的旅游者

对旅游者的研究，采用定量研究方法的有十篇，占比 45.45%，采用定性研究的有三篇，占比 13.64%，采用混合研究方法有九篇，占比 40.91%。

这些对旅游者研究的论文，研究问题涵盖了"体验"（9 篇）、"认同"（2 篇）、"目的地认知"（2 篇）、"决策 / 动机"（5 篇）、"满意度"（4 篇），研究问题同样显示出"多样性"。下面，笔者就对旅游者研究的问题逐一分析。

■ 体验

不少学者认为体验是旅游世界的"硬核"（谢彦君，2005），对体验的内涵和旅游体验属性做出新探（樊友猛，谢彦君，2017），一直是旅游研究的重点话题。在对旅游者的研究中，涉及"体验"相关研究问题的有九篇，占以旅游者为研究对象论文总数的40.91%。这九篇以"体验"为主题的论文，不仅有从理论上对真实性与体验关系建构做出新的学理思考，也有对性少数旅游者具身体验做出旅游社会学方面的探究，对性少数人身份认同和身份觉醒发出了中国学者理性思辨。也有从应用性研究上对体验在不同旅游场景下的建构与应用做出了各自的研究。

在理论研究方面，金浏河（2018）用混合研究方法，从本民族固有的文化根基以及国人普适价值观上，通过参观者对博物馆非物质文化遗产这一特殊"活"文化的自我理解和表达方式理解的不同路径与体验模式，对"本真性与旅游体验本真性"的建构做出了学理上新的理解，为"本真性"理论注入更多的人文关怀和理性思考。是国内学者继赵红梅等人（2012）后又一篇非常好的对本真性再次"回望"（赵红梅，董培海，2012；赵红梅，李庆雷，2012）的学术文章。

"体验"是对"真实"的追寻。"真实"历来是人文科学关注的基本问题之一，是人的一切感知和认知的起点，也是人类一切理论建构的出发点。在Frow（1991）等的引领下旅游真实（reality）成为旅游社会学研究中的一个核心命题（魏雷，钱俊希，朱竑，2015）。方建伟（2022）的论文以游客凝视活动为研究对象，通过田野考察、官方文件与历史文献等文本分析，运用话语分析与解释学等理论与方法，对游客凝视背后可能的社会建构与表达机制、当代旅游的哲学基础及认识论基础进行论证，以求对旅游真实或真理的更深层理解，为学界深入探讨旅游知识观及推进旅游哲学反思带来新的视野与参考，验证、丰富和发展了游客凝视、旅游真实乃至认识论的研究，是一篇非常优秀的学术理论研讨的论文，也是近年来难得一见的旅游哲学论思考旅游现象的学术文章。

此外，汤宁滔（2019）也从旅游体验、旅游真实性两方面对香港青少年研学旅游中的国家认同建构做了研究，旅游体验及真实性成为国家认同建构的路径之一。但由于其研究重点在"国家认同"，故未将汤宁滔（2019）的论文放在"体验"中分析。但也由此可见，"体验""真实性"研究在旅游研究上的广泛性。

向科衡（2022）将研究目光投向了性少数旅游者群体，通过他的研究，构建了一个理论模型来说明中国同性恋旅游者的身份建构和具身体验之间的互动关系，呈现了中国同性恋赴泰旅游中身份空间的动态决策过程、中国同性恋旅游中身份空间的调控，彰显了性少数群体旅游中身份权利的觉醒。同时，向科衡的研究强调了本土化的性少数群体旅游的心理和行为、叙事分析在性少数群体旅游研究中的方法论贡献，这部分在后续的"研究方法"分析中将会做重点分析，在此暂且不表。

金浏河、向科衡都是高校年轻教师，他们的论文体现了年轻的旅游教育工作者非常好的科研素养和能力。如果说金浏河（2018）、向科衡（2022）、方建伟（2022）的论文更多是从理论研究入手的话，那么陈静（2019）、梁曦（2020）、黄惠（2020）、陈素霞（2021）、徐菱苓（2021）、顾敏艳（2022）对体验的关注，则更多体现了旅游研究的"应用性"。

陈静（2019）以"供给侧"改革为切入点，以杭州高星级酒店为研究案例，就酒店业如何抓住家庭市场的心理需求和情感偏好入手，聚焦酒店公共空间设计和家庭度假体验之间关系做研究，对促使酒店行业进行服务、产品和业态的"供给侧改革"具有一定的指导性和应用价值。梁曦（2020）以价值共创为主要理论依据，研究工业旅游者体验价值与企业品牌化间价值共创的机理和路径，为工业企业发展工业旅游提供了新的思路和策略。黄惠（2020）是一家在深圳的主题酒店群的负责人，她首次尝试互动体验与游客旅游幸福感相结合这一新的研究视角，将她工作的旅游特色小镇作为研究的案例地，以游客和员工为研究主体，借助结构方程模型，对翔实的调研数据做了分析，探索了互动体验、游客旅游幸福感及忠诚之间的关系，不仅丰富了旅游体验、旅游幸福感和忠诚相关领域的研究成果，更有助于旅游企业突破传统固化的管理方式、以互动体验为核心，实现全方位的资源配置优化，为开拓旅游度假目的地的运营管理模式、进一步提高核心竞争力和可持续发展能力提供决策依据，同样体现了酒店及旅游专业博士论文知识生产和应用上的价值。

物以类聚人以群分，"社群"作为社会圈层的一种社会文化现象，引起了学者的关注。陈素霞（2021）也是某高星级酒店负责人，她的博士论文研究视角则转向了消费者与消费者互动体验上，敏锐地捕捉到"社群"对酒店消费体验、消费参与、消费决策的作用。陈素霞（2021）的论文从消费者参与和消费者体验价值相结合的视角，以酒店业社群作为研究场景，以社群内消费者为研究主体，探讨消费者参与和企业平台质量对消费者体验价值的影响。

老年人作为特殊的"社群"，如何从精神层面来提升退休老年人的生活质量已然成为一个亟待重视的课题，徐菱苓（2021）的论文从满足退休老年人精神需求的角度来揭示旅游情感体验与提升退休老年人生活质量的关系，填补了以往研究的空白。

顾敏艳是高校教师，她以上海科技馆、浙江省科技馆、金华科技馆、宁波科技馆、温州科技馆等为研究地，以情境学习理论为支撑，运用定量研究方法，系统探讨了科技馆青少年访客的先前经验、人际互动、人展互动和学习成果四者的相互关系和影响机制。该研究成果在实践应用上建议科技馆与陪同人员为青少年参观科技馆提供良好的支持、与青少年进行高质量的人际互动、鼓励青少年进行频繁的人际互动、按照年龄段分区展示展品、注重展品的有趣易懂及合作探究、鼓励青少年动手参与。顾敏艳（2022）的研究成果将助力科技馆优化青少年体验，使科技馆成为培育青少年主动探索科学求真精神的重要场所。

■ 地方感知

自 20 世纪 70 年代以段义孚为代表的人本主义地理学者重新将"地方"引入人文地理学研究以来，地方感（sense of place）即成为人文地理研究的一个主要且重要概念，对旅游者的研究相伴随"地方依恋""地方认同""地方感知"等进入酒店及旅游管理专业博士研究视域。这次以旅游者为研究对象的论文中，以地方感知为主要研究问题的论文有两篇，占比 12.5%。

叙事营销是旅游学者新的研究视角。纪菲菲（2019）以女性旅游者为研究对象，探究社交媒体旅游叙事这种信息媒介的相关因素是如何以叙事传输的方式说服和作用于女性旅游者，影响其对目的地的认知和情感。从知识生产角度看，在理论研究方面拓宽了叙事传输理论的应用范围，并拓展了说服理论在女性消费者研究上的外延；在实践应用上，有助于旅游企业更好地了解女性消费者群体在旅游叙事阅读上的信息处理方式，在社交媒体旅游应用平台上有针对性地设计和发布旅游叙事，令女性消费者通过对营销线索的感知提高其对目的地的积极情感，最终提升女性旅游者预期。这在自媒体数字时代对旅游企业营销推广具有一定的借鉴作用。

同样是地方感知，齐炜（2019）的研究视角显得与众不同，他探寻传统村落对于不同代际旅游者的旅游价值，构建了基于旅游者视角的传统村落保护与活化模型，建构传统村落保护的重点和终极旅游价值，从而实现传统村落的"复活、活泼和鲜活"，推进传统村落旅游的再开发再发展，以适应旅游市场新变化，实现传统村落传统文化的传承与创新，增强传统文化自信心，进而推动乡村振兴，具有鲜明的时代性。

尽管齐炜的论文无法脱离乡村振兴的宏观背景，但之所以将他这篇论文放在"人与人"背景下的地方感知类属中，是基于其具体的研究任务、对象和要达到的目标有所不同所决定的。这种类属处理，符合康德哲学的实践理性批判的思想。

地方感知往往与"认同"相关。对旅游者的研究中，"认同"一直是个热门话题。

■ 认同

2019年取得酒店及旅游专业博士学位的孙艳和汤宁滔，具有诸多相同点。同是高校青年教师；同年毕业；共同的博士生导师（李咪咪教授）；研究视角都是国家认同；都是建构主义研究范式；研究方法都是采用定性研究的方法；研究对象都是海外（或境外）的年青一代；研究问题都是对研究对象的"国家认同"建构过程（或途经）做研究。我们着重看看两篇论文的不同点（见表4-3）。

表4-3　汤宁滔与孙艳在国家认同研究方面的不同点

不同点	题目	旅行与青少年国家认同感的建构——以香港为例（汤宁滔，2019）	海外移民返乡家庭旅游中的集体记忆与国家认同（孙艳，2019）
研究对象个体差异		香港青少年	海外移民家庭成员两代人
定性研究的具体策略		个案研究法	叙事分析法
研究切入		旅游体验、真实性、研学、旅游教育	集体记忆、家庭返乡游、国家认同
国家认同的建构		国家认同建构因素（政治性、经济性、社会性、历史文化性、归属性、疆域性）	集体记忆和国家认同是以叙事的方式建构的，是家庭成员之间协商和妥协的结果并受到中国文化和移民国的生活环境、政治、教育等综合要素的影响，体现在家庭成员不经意的互动中

续表

不同点 ＼ 题目	旅行与青少年国家认同感的建构——以香港为例（汤宁滔，2019）	海外移民返乡家庭旅游中的集体记忆与国家认同（孙艳，2019）
研究结论	旅游体验是国家认同的建构来源之一。研学旅行是国家认同教育的实现途径之一，研学旅行可通过从历史文化性因素、经济性因素、疆域性（地域性）因素、归属性因素、社会性因素和旅游体验等方面建构海外（境外）青少年的国家认同感	集体记忆是记忆主体能动性建构的结果，叙述是建构途径；建构内容具有选择性；分享维系建构。在海外移民返乡家庭旅游的集体记忆中，国家认同表现出父辈和子辈的差异。海外移民返乡家庭旅游的国家认同随集体记忆的建构而建构
研究创新	研学旅行作为国家认同感建构途径的研究是学术界的创新研究	首次从社会学视角研究海外移民家庭返乡旅游中的集体记忆与国家认同，以返乡家庭旅游为背景，为华人意识形态领域的研究探索了新方向

通览全文，似乎孙艳的论文更侧重于理论研究，而汤宁滔的论文更具有应用实践性，这或许也算是两者的差别之一。

这两篇关于"认同"的论文，同时也与"体验"相关。汤宁滔（2019）提出，旅游体验是国家认同的建构来源之一，是对体验及认同理论在学理上的贡献。体验的持久性在于"回忆与回味"。孙艳（2019）将海外返乡游客的回忆用叙事法，还原为一个个故事性情境中，一"小滴"茶可以拓展成为一座"宏伟的回忆大厦[①]"，孙艳的叙事是一种时间的实践，为华人国家认同意识形态领域的研究探索了新的方向。

■ 决策 / 动机

旅游者决策是旅游者行为研究的核心问题之一，其关键是回答两个问题：一是要不要去旅游；二是到哪儿去、如何去以及何时去旅游。第一个问题涉及旅游者的需要和动机；第二个问题涉及旅游者目的地选择与旅游产品购买决策，是旅游者决策研究的核心。因此本研究将对旅游者的决策 / 动机研究归拢分析。本研究样本，共有五篇论文涉及旅游者决策（意愿），占比 22.73%。这五篇论文都是采用定量研究方法，在具体研究设计上都有一定的创新性。从旅游研究看，目前定量研究已从描述和揭示变量之间的关联，发展至探求社会现象间的因果解释。

---

① 马塞尔·普鲁斯特，《流淌的时间》，1997。

例如，李林（2019）基于 SOR 理论模型，研究社交网络刺激场景下，社交网络特征对中国人出游行为的影响机制。李林的研究提取社交网络的内容质量、社交互动、关系强度、发布者的专业性、主观规范和感知行为控制六个变量；出游意愿是因变量，态度和信任作为中介变量，面子意识作为调节变量。通过结构方程模型方法来检验理论模型，对社交网络情境下中国人旅游意愿做出了因果解释。再如，邢宁宁（2020）采用准实验的方法，运用神经科学 EEG 方法探索儿童旅游行为的情绪效价，在研究数据获取上具有创新性。具体如表 4-4 所示：

表 4-4　旅游者决策研究

	社交网络情境下中国人旅游意愿研究	老年旅游动机与积极老龄化关系研究：以中国（一线）城市老年人口为例	旅游信息价值对"自助游"客户消费决策质量的影响	基于视频广告的儿童情绪与旅游行为意向关系的准实验研究	森林康养旅游的参与意愿研究
题目					
作者及年份	李林（2019）	陈元（2020）	刘志华（2020）	邢宁宁（2020）	魏东（2021）
作者工作岗位	高校教师	高校教师	高校教师	高校教师	企业负责人
研究对象	旅游者	老年旅游者	自助游旅游者	儿童或有儿童的家庭	旅游者
研究问题	社交网络情境下对出游决策的影响	旅游动机与积极老龄化的关系	旅游信息对消费决策的影响	视频广告对儿童情绪和旅游意向的影响	森林康养旅游的意愿
研究方法	定量研究	定量研究	定量研究	定量研究	定量研究
研究发现	社交网络内容质量、关系强度和网络互动等特征对中国人的旅游意愿均有正向影响；"面子"能够显著的正向调节主观规范对旅游意愿的影响	旅游信息价值对旅游消费决策质量提升存在正向影响；游客涉入度在旅游信息价值对"自助游"游客旅游消费决策质量影响间的调节作用	发现了影响老年人出游动机的关键性维度；老年人出游动机影响的重要调节变量；积极老龄化特征	高情绪效价的旅游广告视频更能激发儿童的旅游行为意向。且不受性别、年龄高低影响	森林康养旅游参与次数会给游客的旅游观念、感知与产品特征、满意度及游后意愿带来一定的差异；并对游客满意度及游后意愿具有正向影响

研究创新点	将面子理论引入旅游决策的研究中，"面子"成为重要的调节变量，丰富了面子理论，完善旅游决策理论模型	构建了旅游信息价值的理论模型，完善了旅游信息科学的理论体系和方法，有助于拓展旅游消费行为的研究领域	丰富了后旅游时代对出游动机研究的视角。把子女关系、养老、隔代照料等问题作为重要的中介变量	主要体现在研究方法创新上。运用神经科学EEG方法探索儿童旅游行为的情绪效价	研究了森林康养旅游游客的参与意愿、感知与产品特征、满意度及游后意愿之间的关系

■ 满意度

涉及旅游者满意度的论文有四篇，都具有较强的实践应用意义。

最早研究顾客满意度的文献可追溯到 1960 年 Cardozo 发表的《顾客的投入、期望和满意的实验研究》（Cardozo，1960），他首次将顾客满意的概念引用于营销学范畴中，认为顾客满意度是顾客对接受服务的总体评价。该概念首次提出后，得到了学术界和企业界的高度关注，各方围绕"顾客满意"做了许多的研究和讨论，并形成市场营销学科中非常重要的一个理论分支——关于顾客满意度的研究并在旅游研究中得到广泛应用。

潘金龙（2019）论文《伦理型领导对顾客满意感知度的影响机制研究——基于乡村客栈的分析》是从领导风格对顾客满意度影响切入，研究对象是下榻乡村客栈的顾客；而卢萍（2021）论文《古城旅游者满意度影响因素研究》是以聊城为案例地，借助 IPA 分析方法评估其不同服务场景要素的经营优势和短板对旅游者满意度的影响。杨国强（2021）《酒店过度服务补救的满意度研究及容忍区间探索》构建并验证了中国顾客过度情景测量量表，为业界实施服务补救具体措施提供了理论支持。杨富荣（2021）《基于互联网背景下的饭店"未投诉顾客"行为研究》则将研究视角转向"沉默的大多数"，在理论上将对饭店顾客行为的研究从"投诉"顾客延伸至互联网背景下的"未投诉"顾客的研究，更加全面、完整地了解不满意顾客的行为，拓展了顾客满意度和服务补救的研究体系，也给业界提供了新的服务补救思路。

1.1.2 东道主

研究社会的一个小部分是社会学家和人类学家探知社会的重要手段

（MacCannell & 赵红梅，2019），在全球化进程中，文化更加强调地方性与异质性，以彰显地方认同和自我身份（艾菊红，2019）。张文成（2020）的论文《求同存异：蟳埔女族群认同与地方文化保护》是 88 篇研究样本中唯一一篇旅游人类学研究范式的论文。张文成将研究目光聚焦于一个叫"蟳埔"的小渔村，以旅游仿生学中"相似思维"为思考逻辑，运用民族志的研究方法，通过翔实的田野调查，将蟳埔女置于多重社会关系中，以其惯常生活场域所呈现的具有表演性和艺术性的生活方式带来的族群标识，对蟳蜅女动态的自我认同建构过程加以分析，进而窥探非物质文化遗产保护与传承的新路径。蟳埔女的服饰、头饰、具有表演性和艺术性的生活日常展演成为吸引游客的具有鲜明族群辨识的"符号"，张文成通过田野调查，对蟳蜅女族群认同符号建构的意义做出新的地方文化解释。从知识产生看，是在孙九霞（1998）族群认同社会建构的基础上，从生计方式、家庭性别分工、宗亲关系和民俗活动等多重社会关系，再次建构了蟳埔女族群的自我认同，在学术界首次论证了汉族群的少数群落的族群认同与地方文化保护关系，为非物质文化遗产保护提供了内生路径思考，有一定的理论深度。需要指出的是，张文成是一位酒店职业经理人，他的博士论文散发的学术性"微弱的光"，从另外一个侧面显现了 D.HTM 知识生产和知识应用的价值和意义。

笔者将"民宿经营者"也纳入东道主范畴。李文举（2021）的《民宿社区民宿经营者的主观幸福感研究——以山东省为例》运用混合研究法，对民宿经营者主观幸福感建构做了研究，构建了民宿经营者主观幸福感的关系模型，实证分析了民宿经营者与游客的主客互动机制，丰富了社会支持理论、社会交换理论的内涵，对山东省制定民宿业相关的开发及管理政策提供了理论支撑，具有较强的实践指导意义。

1.1.3 东道主与游客

共有四篇论文的研究对象是聚焦东道主与游客，分别是钟斐（2021）《民宿游客住宿体验研究：从建构真实到存在真实》、罗建基（2022）《博物馆讲解志愿者深度休闲、社会资本与幸福感关系研究》、陈茵（2022）《拟态关系——具身体验视角下民宿生活场景景观化研究》、江焰（2022）《主题民宿旅游者的社会交往、"共睦态"体验与旅游体验记忆性研究》。有三位博士选择了"民宿"作为研究地，显示民宿研究的热度。罗建基则将作为东道主的博物馆讲解志愿者们在深度休闲、社会资本与游客互动中的幸福感形成建构过程与关系做了研究，也显现了酒店及旅游管理专业博士生良好的科研能力和论文在实践的广泛应用价值。有趣的是，这四篇将研究对象聚焦东道主与游客的论文作者中，两位是高校教师，两位是企业负责人；两位采用定性的研究方法，两位则采用混合研究方法。具体分析见表 4-5：

表 4-5　D.HTM 关于东道主与游客研究的论文

题目及作者	民宿游客住宿体验研究：从建构真实到存在真实（钟斐，2021）	博物馆讲解志愿者深度休闲、社会资本与幸福感关系研究（罗建基，2022）	拟态关系——具身体验视角下民宿生活场景观化研究（陈茵，2022）	主题民宿旅游者的社会交往、"共睦态"体验与旅游体验记忆性研究（江焰，2022）
作者工作岗位	高校教师	高校教师	企业负责人	企业负责人
研究方法	定性（田野调查、网络志）	混合研究法	定性（类属分析、情境分析）	混合研究法
研究创新	真实性视角，新增了旅游体验的文化维度和情感维度	建构并验证了主客在深度休闲、社会资本与幸福感之间的关系	主客的拟态关系；赋予民宿主人的"情怀"的学术意义	主客间的社会交往是影响"共睦态体验"最重要的因素

MacCannell（1973；1976）通过对旅游中的"舞台真实"的分析，将真实性问题引入旅游研究当中，从此旅游真实成为旅游社会学研究中的一个核心命题（魏雷 et al.，2015），包括对东道主与游客的研究，体验和真实性依旧是核心话题。真实性、本真性、原真性，学者用不同的词汇表达相同的意境，都体现了游客体验是通过旅游来实现对"真实性"的追求（MacCannell，1973），"真实"已然成为一个哲学问题（赖坤，2016）。从 1961 年布尔斯廷到 1999 年王宁提出"存在的原真性"；从 2012 年科恩提出对真实性理论争论，再转向认证真实性（authentication）的演进（唐玲萍，2015），我们有必要对"真实性"进行反思（朱健刚，2012）。

游客体验的真实性往往是基于个人阅历、固有知识、生活习惯和文化背景等复杂自我构建的产物（Buchmann, Moore, & Fisher, 2010），然而，真实性作为一种多元多维度的存在（Field，2009），寻求对异文化生活的本真体验，才能满足旅游者的期待（朱健刚，2012），其意味着什么？真实性的具体属性又有哪些？一直存在争议。这种争议，表面上看，或是因为对"authenticity"这个"舶来词"，基于各学术研究者的学科偏好或者主观判断（赵红梅，李庆雷，2012），并没有形成统一的规范的翻译所致（徐嵩龄，2008），深层次还是基于哲学层面判断引致的各自建构不同，每个人都会从自己的角度来诠释（邹统钎，吴丽云，2003），对真实性的衡量及独特性的体验，几乎完全取决于消费者（Bujdosó et al.，2015），这为学者研究东道主和游客关系提供了丰富的学养素材。

钟斐（2021）的研究，从文化感知真实性和个体生活真实性建构了旅游体验的真实；从人际互动和个体感知检验了存在的真实；而在陈茜（2022）的论文里，通过具身体验，拟主关系对游客体验发生影响（人际互动的存在真实）；拟友关系民宿生活场景氛围发生影响（个体生活建构的真实），拟亲关系对民宿员工归属感的影响（个体感知的存在真实）；在江焰（2022）的研究中，"社会交往"与钟斐（2021）的人际互动和陈茜（2022）的拟主、拟亲、拟友关系不同，"共睦态"体验是最重要因素。

在罗建基（2022）的论文中，虽然没有直接体现"体验和真实"，但从文章的字里行间依然能"读到"体验和真实。博物馆志愿讲解员是游客获得休闲参与感和休闲体验感最主要的介质，因此罗建基研究主旨在于确认博物馆讲解志愿者深度休闲特质与幸福感之间的潜在联系，也是从另外的视角探究游客参观博物馆的体验和对博物馆"真实性"的建构的解读，算得上是在体验与真实性研究的"殊途同归"，兼备"异曲同工"之妙。

1.1.4 个人

沈鹏是社交筹款平台"水滴筹"的创始人和 CEO。他的毕业论文是《互联网环境下个人慈善捐赠行为影响机制研究——以水滴筹平台为例》，采用定量的研究方法，构建了互联网背景下个人慈善捐赠行为的理论模型，该模型有望为 OTA 在线旅游平台、O2O 餐饮酒店服务平台、互联网医疗平台等更多"互联网+"领域的用户行为研究提供值得借鉴的研究思路和理论依据。沈鹏（2022）的论文，可以看到 D.HTM 酒店及旅游管理专业博士与学术学位博士的差异性。首先，专业博士的知识生产更多来源于实践。沈鹏的论文来自工作本身（自己创立的水滴筹），知识生产的目的是解决实践问题，研究结果具有一定的可适用性。当然，也看到 D.HTM 学术研究的包容性和广泛性。

需要特别指出的是，从这 88 篇 D.HTM 博士论文的"研究对象"看，研究对象已经不仅仅限于我们传统意义上惯常认知里的旅游世界、生活世界（谢彦君，2005；Tribe，1999）里的人和事了。例如，刘巍（2018）是以浙江省工商银行客户作为研究对象。银行客户、捐赠的个人都能成为酒店及旅游管理研究的对象，这是与在互联网经济下，网络与现实社会的各行各业、与现实社会的人和人间彼此高度融合，重新建构新的社会网络及知识网络高度相关。在旅游世界、生活世界关系中（孙喜林，林婧，2012）新增的网络世界，越发深刻影响当下的社会，悄然改变人们的认知、习惯和生活方式。旅游世界、生活世界和网络世界三者之间的关系，值得旅游研究者关注（见图 4-3）。

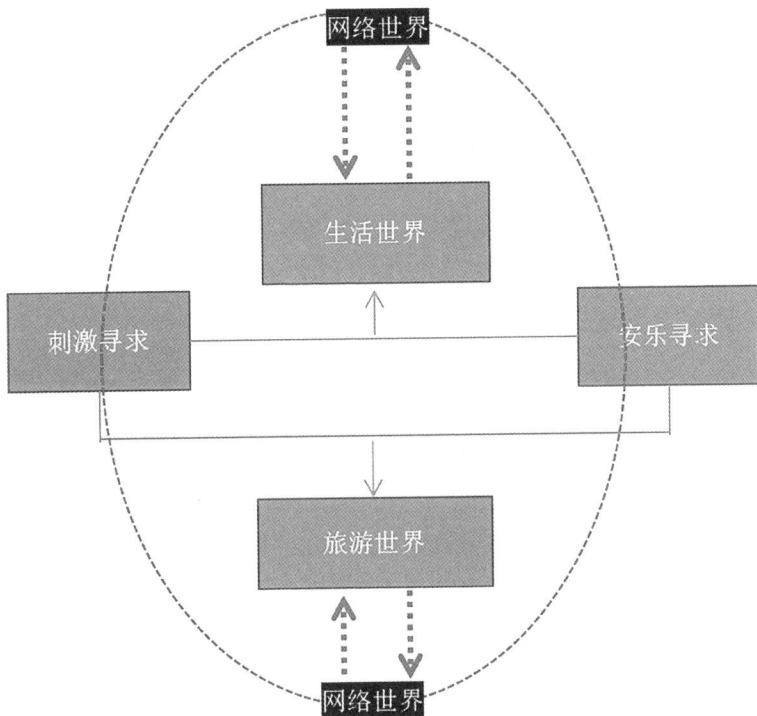

图 4-3 旅游世界、生活世界和网络世界关系

1.2 对"组织发展"的研究

D.HTM 博士论文，对"组织发展"的研究，体现在对"事"的发端，共有 20 篇博士论文研究对象涉及对"组织发展"的研究。从作者工作岗位看，来

自企业的有 15 位，占比 75%，来自高校的有五位，占比 25%；从研究的问题看，包括绩效（4 篇，占比 20%）、品牌（4 篇，占比 20%）、创新 / 转型（6 篇，占比 30%）、员工 / 企业关系（6 篇，占比 30%）；从研究的背景看，研究的缘起皆由实践应用性而生；从研究的意义看，更多是为解决实践问题而做。这些都充分体现了专业博士是"研究专业的人"的特有属性。

1.2.1 绩效

诚如，李军（2016）在他的论文摘要中描述的那样，"企业的存在和发展，离不开对绩效议题的关注和实践"，四位博士都来自企业，有三篇将研究目光投向高星级酒店，有就高管品牌意识是如何对企业绩效产生影响的做了研究，也有通过企业内部治理，就 A 股上市酒店股权结构与经营绩效之间关系做了实证研究，还有从国家供给侧改革层面，就特许经营绩效对业主满意度影响机理做了研究，试图寻找促使特许业主与特许经营企业间建立可持续特许经营关系的路径。这些论文涉及了高星级酒店高管的品牌意识、上市酒店的股权结构和公司治理、特许经营业主满意度等多个影响企业绩效的问题。

最早获得 D.HTM 博士学位的李军，曾是某国有大型航企地服部负责人，他关注的重点是基层领导行为和员工绩效的问题，就企业人力资源中最重要的"人"的价值呈现做了准实验的跟踪研究设计，涉足的则是领导力与员工绩效的关系。

D.HTM 博士生对"绩效"从不同角度、层面的研究都显现出对绩效议题的关注和实践，凸显专业博士在知识生产和应用上的"与众不同"（见表 4-6）。

表 4-6　D.HTM 关于绩效研究的论文（2016—2022 年）

题目	基层领导行为对员工绩效影响机制研究——工作价值观的视角	中国五星级酒店高管品牌识别对企业绩效的影响机制研究	A 股上市酒店股权结构与经营绩效关系研究	特许经营绩效对酒店特许业主满意度的影响机理——基于共同价值观的调节效应
作者（时间）	李军（2016）	刘晓风（2018）	余文罡（2018）	金建江（2022）
作者工作岗位	企业负责人	企业负责人	企业负责人	企业负责人

续表

研究对象	航企地服基层员工绩效	五星级酒店高管的品牌意识	国内 A 股上市酒店	中端及经济型特许经营酒店
研究问题	基层领导行为对员工绩效的作用机制	品牌识别对企业绩效的影响机制	股权结构与企业绩效的关系	特许业主满意度作用机制
理论支撑	领导理论、权变理论	服务主导逻辑理论、品牌内化理论、服务利润链理论	产权理论、委托代理理论、信息不对称理论	社会交换理论
研究方法	混合研究法	定量研究法	混合研究法	混合研究法
具体研究问题分解	构建基层领导力行为特征模型；基层领导行为对工作绩效的影响机制；基层领导行为变化对工作绩效变化的影响	五星级酒店如何进行品牌内化；品牌识别对酒店的绩效的影响及内在机制；社会资本的调节效应	股权结构与经营绩效的关系	特许业主满意度如何达成；业主满意度如何影响特性经营的可持续特许经营关系
研究的现实背景	对企业价值的思考；企业的竞争优势来源在于"人"；聚焦"人"的作用，为提升企业竞争力找准抓手	中国五星级酒店的发展环境发生着重大改变；立足中国五星级酒店发展的现实问题，构建高管品牌识别对酒店绩效跨层次的影响机制模型	在国家供给侧改革背景下研究酒店组织的股权结构，日显重要。通过股权结构研究，加强内部治理的规范完善寻求酒店经营绩效突破	特许经营商业模式备受关注。寻求特许业主与特许经营企业建立可持续的特许经营模式

1.2.2 品牌

品牌是一种名称、标记、符号或设计以及它们的组合应用，其目的是借以辨认某个产品或服务，并使之同竞争对手的产品和服务区分开来（Philip Kotler，2008）。在酒店及旅游管理研究领域不乏对品牌的研究。笔者本次研究选择的样本数据中，研究对象为"组织发展"的类属中的研究问题是关于"品牌"的有四篇，四位博士生就品牌研究切入点各不相同（见表 4-7）。

表4-7 D.HTM 关于品牌研究的论文（2016—2022 年）

题目	中国高校教学酒店品牌化研究	服务场景下顾客体验对酒店品牌忠诚的影响研究	国际品牌酒店在中国大陆常见诉讼纠纷形式及法律风险防范联动机制研究	特许经营模式下国际酒店品牌受许方（业主）品牌选择影响因素研究——以中国中、高端酒店为例
作者（年份）	谷勇（2018）	郭志刚（2019）	戴梦华（2020）	赵晖（2020）
作者工作岗位	企业负责人	企业负责人（后转高校）	企业负责人	企业负责人
研究对象	高校教学酒店	服务场景下的酒店顾客体验	酒店管理公司典型纠纷	国际酒店特许经营品牌选择决策
研究方法	定性研究	混合研究	定性研究	定量研究

在本研究涉及的 88 篇 D.HTM 毕业论文样本中，共有 35 篇论文研究对象与酒店、民宿、客栈等住宿业相关，占总篇数的 39.77%，显示住宿业仍是旅游研究的重点领域。

谷勇（2018）的论文是唯一一篇将高校教学酒店作为研究案例的。由高校创办的酒店既有教学实习功能，又有经营发展的要求，但从学术及实践研究看，却少有人关注。谷勇看到了中国高校教学酒店作为细分市场与酒店行业平均水平比较，无论是品牌建设、硬件设备、服务质量、人才梯队和经营业绩都有较大的差距，表现不尽如人意。谷勇采用定性研究方法，以顺德职业技术学院的教学酒店为案例，对教学酒店的社会和商业价值、教学酒店的经营和教学两大功能关系、与世界一流教学酒店的差距以及品牌各要素对教学酒店教学和经营的影响等主题深入探讨，研究成果有助于高校更好地培养酒店行业发展需要的合适人才，是一项非常有社会意义和商业价值的应用性研究。

郭志刚曾任河南某高星级酒店总经理，笔者在某次酒店及旅游行业论坛上与学长有过一面之缘，彼时聊到中国酒店业现状与发展。郭志刚运用混合研究方法，研究的是顾客体验与酒店品牌忠诚度的问题，研究问题既源于工作实践与认知，也有从学术上进一步拓展和补充了现有的顾客体验和品牌忠诚理论的相关研究，同时也是体验、品牌、忠诚度在酒店行业的具体应用。

笔者从戴梦华的"致谢"中知悉，在博士论文选题上，戴梦华是将以前的法律专业结合起来，从一个全新的视角进行论文的写作。戴梦华采用定性研究方法，将研究主体限定于酒店管理公司，以酒店管理公司在中国大陆遇到的典型纠纷作为研究的切入点，探讨了酒店管理公司常见的诉讼纠纷以及如何进行风险防范，在法律实操层面对现有酒店业具有一定的指导意义。从这点看，酒店及旅游管理专业博士学科背景的多元性带来了研究视角的多样化。

赵晖曾任某著名国际酒店管理公司中国区高管，他采用定量的研究方法，从特许经营受许方视角研究在国际酒店特许经营品牌选择决策过程中的影响因素对于中国酒店行业这一新兴市场转型升级具有重要意义。

从以上分析可见，酒店及旅游管理专业博士论文知识生产选题视角的多样化并在实践上的应用具有充分的、广泛的应用价值。

1.2.3 创新 / 转型

创新已经成为一个流行词，在汉语里，"创新"是一个外来词，大约是 20 世纪七八十年代从英文翻译过来的。在英语里，"创新"是一个古老的词，起源于 15 世纪。"创新"一词的英文翻译是 innovate（动词）和 innovation（名词）。根据韦伯斯特词典的解释，其含义有二：引入新东西、新概念（to introduce something as or as if new）和制造变化（to make changes）。创新理论的研究主要始于美籍匈牙利经济学家约瑟夫·熊彼特在 1911 年出版的《经济发展理论》一书，自此，"创新"也成为酒店及旅游管理专业博士研究的热点，越来越多的旅游研究人员正在解决创新涉及的广泛问题，并扩大创新应用的范围（Hjalager，2010）。笔者本次研究选择的样本数据中，"组织发展"的研究问题中，关于"创新 / 转型"的有六篇，占比 30%，其中涉足酒店业的有五篇，涉足旅游企业的有一篇。这六位博士均于 2019 年获得博士学位，来自企业的有五位，来自高校的有一位。研究问题包括了服务创新、数字化转型、客房设计创新、科技服务创新、组织创新和融资策略创新。

陈耀（2019）的论文是就服务创新与酒店品牌资产之间关系做了研究，重塑了顾客感知的高星级酒店服务创新组成因素及测量工具，建立了"高星级酒店服务创新—品牌资产关系"模型，验证了服务创新对品牌资产存在显著正向影响；探讨了不同的酒店品牌来源国（国际、民族）与酒店服务创新、品牌资产组成因素之间的关系；探索顾客感知的过度服务对于酒店服务创新和品牌资产之间关系的调节作用，该研究有助于对我国酒店业现状的理解和把握。

杨永彪现为某著名酒店管理公司副总裁，CTO，他的研究表明，企业战略、组织文化、数字化能力及外部环境等是中国酒店数字化转型的关键成功要素。这篇论文具有前瞻性地指出：酒店数字化是基于新技术将酒店业务流程全过程数字化，产生酒店数据资产；酒店数字化转型是利用酒店数字化，改变酒店为客户创造价值的方式，对企业价值进行重新定义，对业务流程进行调整，由此可能引起组织变革，从而实现酒店的降本增效，具有很强的实践指导意义。

信息技术越发成为酒店运营管理中必不可少的基本工具，也是酒店运营管理必须提供的基本服务。信息技术服务水平将会直接影响到酒店竞争力和经济收益。王亮（2019）以委托代理理论、利益相关者理论为基础，就酒店信息化投入和科技服务创新方面展开研究，他论文关注的焦点是酒店的投资方与管理方在酒店信息化与科技服务创新方面的共识与差异。

目前，学界对高星级酒店客房设计专项研究几乎是个空白。张大治（2019）的论文通过五星级酒店客人关注的客房设计要素，采用魅力性质量理论（KANO 模型）对客户需求项目做了归类和排序，找出不同类型客户对设计指标需求的差异，为酒店投资者、管理者和设计者构建了客房设计创新对策，具有很强的应用性。

更难得的是，有将研究视域放在了对台湾不同创新型酒店在动态能力、组织创新对瞬时竞争优势的研究，让本研究样本多了中国境外酒店数据的例子（林家颉，2019）；还有就资金密集型的旅游企业的融资策略（李征，2019）做了研究，也算是选题视角的研究创新。D.HTM 关于创新 / 转型研究的论文具体情况见表 4-8。

表 4-8　D.HTM 关于创新 / 转型研究的论文

| 题目 | 服务创新对高星级酒店品牌资产的影响机理研究 | 中国酒店数字化转型关键成功要素研究 | 投资方与管理方对酒店信息化和科技服务创新的共识与差异研究——以中国高星级国际品牌连锁酒店为例 | 新时代背景下五星级酒店客房设计创新研究 | 动态能力、组织创新对瞬时竞争优势影响关系：台湾地区不同创新类型酒店实证研究 | 互联网金融时代资本密集型旅游企业融资策略创新与研究 |

续表

作者（年份）	陈耀（2019）	杨永彪（2019）	王亮（2019）	张大治（2019）	林家颉（2019）	李征（2019）
作者工作岗位	企业负责人	企业负责人	企业负责人	高校教师	企业负责人	企业负责人
研究方法	定量研究	混合研究	定性研究	混合研究	定量研究	定性研究
研究内容	服务创新与酒店品牌资产关系	酒店数字化转型关键成功要素	投资方和管理方对信息化投入和科技服务创新的共识与差异	五星级酒店客房创新设计	动态能力、组织创新对瞬时竞争优势的影响	资本密集性旅游企业融资策略

1.2.4 员工／企业关系

在"组织发展"的研究问题中，关于"员工／企业关系"的有六篇，占比30%，两篇从旅游教育／培训视角，探索新生代酒店员工工作价值观与职业嵌入关系和酒店"95后"员工职业发展需求的培训模式做了研究；另外四篇涉及不同的领导风格对员工组织公民行为、员工工作满意度、员工亲环境行为的影响和酒店精神型领导力是如何形成的做了研究。

从研究的缘由看，王培来（2019）基于酒店行业员工离职率居高不下的现实背景，为酒店行业在理解新生代员工的工作价值观基础上采取有效措施留住新生代员工提供思路；方向红（2020）则是从教育和培训理论视角出发，提出酒店要创造出新的培训模式以适应"95后"员工的职业发展需求。王培来和方向红的博士论文，都是为了解决酒店用工难、留人难，酒店从业人员的职业归属感、成就感、幸福感、满足感低下的现实问题，为酒店行业健康可持续发展建言献策。

从研究的应用看，周宇华（2020）的论文，是亚洲范式酒店在中国的具体实践。本土酒店要适应本国情的管理方式，周宇华（2020）的研究为酒店中的"心件"提供了思路，为酒店领导／管理者如何促进员工用心服务提供了管理上的启示，并对于中国情境下酒店的管理实践提供了本土化的具体解决方案。

陈镇、张晓华、郑羽蘅不约而同地就"领导风格"展开研究。

创新发展是酒店发展的关键因素之一，如何启发并激励员工创新以提供超越顾客期望的高品质服务已成为酒店获得可持续竞争优势的关键。陈镇（2021）采用混合研究方法，构建了精神型领导与员工创新行为理论模型，并对13个国际品牌酒店的269个样本数据对概念模型与假设进行了实证检验，研究表明，酒店企业可以通过采用精神型领导以促进员工创新力和整体绩效的提升，填补了精神型领导力理论在酒店业的实证研究空白。

张晓华是某家高星级酒店总经理，她从自己的工作感悟中找到研究的切入点，管理者领导行为风格的差异将直接影响员工对工作满意度的评价。张晓华的研究，有助于酒店对谦逊型领导的准确评估及培养，同时关注员工对组织支持的感知度，借此有效提升员工工作满意度，从而使酒店实现并加强持续性发展与竞争优势。

郑羽蘅（2022）的研究具有较强的理论前沿性和实践指导意义。从研究背景看，是对生态文明建设、碳排放在旅游行业的具体回应；从理论看，将工作调节焦点与情绪耗竭同时纳入作为中介因素，构建变革型、交易型领导对我国旅游企业员工亲环境行为产生影响的作用机制模型，深化了员工亲环境行为理论在旅游企业中的应用；从研究方法看，在数据采集上，分两阶段采集我国旅游企业领导—员工的配对调查数据，在推动了员工亲环境行为的理论研究框架从单一的个体向跨层次拓展的同时，也促进了学界对组织氛围影响员工亲环境行为的全面理解。

纵观以上所述，D.HTM博士论文研究，聚焦酒店及旅游行业现状，聚焦核心问题，聚焦时代需求，显示酒店及旅游管理专业博士知识生产的应用性和时代性（见表4-9）。

表4-9　D.HTM关于员工/企业关系研究的论文

题目	新生代员工工作价值观与职业嵌入关系机理研究——以上海高端酒店为例	基于高星级酒店"95后"员工职业发展需求的培训模式研究——入职两年内员工及实习生	中国本土情境中家长式领导对酒店员工组织公民行为的影响——以类亲情交换关系为中介及中国文化为调节	酒店业精神型领导力研究：触发因素、作用机制及效应	探究谦逊型领导对酒店员工工作满意度的影响：组织支持感的调节作用	领导风格、组织氛围与员工亲环境行为——基于中国旅游企业的实证研究

续表

作者（年份）	王培来（2019）	方向红（2020）	周宇华（2020）	陈镇（2021）	张晓华（2022）	郑羽衡（2022）
作者工作岗位	高校教师	高校教师	企业负责人	高校教师	企业负责人	高校教师
研究方法	定性研究	定性研究	定量研究	混合研究	定量研究	定量研究
研究内容	工作价值观与职业嵌入关系	员工职业发展需求的培训模式研究	家长式领导对酒店员工组织公民行为的影响	酒店业精神型领导力研究	谦逊型领导对酒店员工工作满意度的影响	领导风格、组织氛围与员工亲环境行为

1.3 对"市场营销"的研究

对市场营销方面的研究，体现了旅游学科的应用性。从选取的 88 篇论文看，对旅游市场营销的研究共有 13 篇，占比 14.77%。包括品牌（4 篇，占比 30.77%）、旅游产品（4 篇，占比 30.77%）、购买者（5 篇，占比 38.46%）。

1.3.1 品牌

国家公园是一种价值标签，是全球最为知名的旅游目的地品牌，代表了国家公园的特殊价值，具有品牌效应。马有明（2018）的论文以消费者行为理论和认知理论为理论支撑，把国家公园作为一个品牌进行研究，构建了旅游者对国家公园品牌形象的感知模型，并研究了国家公园品牌形象对旅游目的地品牌权益的影响以及出游动机对二者之间关系的影响；刘巍（2018）敏锐观察到移动互联网与品牌营销相结合已经在酒店及旅游业界进行，他的论文以价值共创理论为基础，以互联网社群经济为切入点，运用混合研究的准实验方法，研究了虚拟社会资本对品牌推崇的影响。随着城市经济的深度发展，发展夜间经济成为重要消费形式之一。沈旭伟（2021）的论文将目的地营销领域的目的地品牌个性（Destination brand personality，DBP）相关理论引入对运河夜间体验参与者感知的分析中，对运河夜间旅游目的地品牌个性做了研究。当下伴随着旅游产业的快速数字化转型，很多酒店品牌正在逐步减少对传统 OTA 的依赖，越来越关注自有渠道的搭建及自有品牌运营。李煜冬（2022）的论文，基于消费者满意理论、技术接受理论和霍华德—谢思消费者购买行为理论，探索以品牌旗舰店为例的互联网平台差异化产品对酒店品牌资产的影响，以及消费者感知价值和品牌信任的中介作用。这四位 D.HTM 博士都采用了混合研究方法，但在具体研究方法和数据采集方面也有创新。详见表 4-10：

表 4-10　D.HTM 市场营销关于品牌研究的论文

题目	基于旅游者视角的国家公园品牌形象对旅游目的地品牌权益的影响研究	虚拟社会资本对品牌推崇影响的研究	基于自我一致性理论的运河夜间旅游目的地品牌个性研究——以京杭大运河杭州景区为例	互联网平台差异化产品对酒店品牌资产的影响及感知价值、品牌信任的中介作用：以酒店品牌旗舰店为例
作者（年份）	马有明（2018）	刘巍（2018）	沈旭伟（2021）	李煜冬（2022）
作者工作岗位	企业负责人	高校教师	高校教师	企业负责人
关注点	品牌形象	品牌推崇	品牌个性	品牌价值
理论依据	消费者行为理论和认知理论	价值共创理论、社群经济	目的地品牌个性	消费者满意理论、技术接受理论和霍华德—谢思消费者购买行为理论
研究方法	混合研究	混合研究	混合研究	混合研究
研究创新点	国家公园作为一个品牌系统研究	选择银行客户作为研究对象；开展准实验控制，完成第二次数据收集	将目的地品牌个性理论引入，有助于拓展相关研究对目的地品牌个性的理解	数据获取，大数据应用
应用意义	旅游目的地品牌形象宣传	银行客户转嫁至酒店及旅游	夜间经济的模式和样本	互联网品牌下构建酒店品牌资产的价值

1.3.2 旅游产品

对市场营销涉及旅游产品方面的研究，有四篇。为了便于读者更清晰地对 D.HTM 论文中关于旅游产品的研究有更直接的感受，笔者设计了表 4-11。李少华（2019）以飞猪旅行平台创新实践为例，探索基于大数据的 C2B 创新产品设计、实施体系及创新扩散机制。李少华毕业后自主创业，将自己的研究成果用于自己智投项目中；苗玲（2020）从全域旅游的视角出发，以舟山市非遗旅游为研究对象，就海岛非遗传承保护和活化利用的共生机制做了研究；黄自强

（2021）就工业旅游产品的游戏化创新做了探讨，开创性地在典型工业旅游场景下研究了游戏化创新对于游客的影响，证明了游戏化创新可以是工业旅游产品创新的有效途径，并揭示出游戏时长、游戏内容、游戏配套服务以及游戏化创新过程中游戏触达点空间布局，均是影响旅游体验及游后行为响应的重要因素。黄自强还将自己研究的成果应用于自己企业项目中，在实践中得到验证与良好的经济回报；陈鹭洁（2022）关注的角度是 MICE 奖励旅游产品的组织购买决策。从组织购买行为理论和团队社会网络视角出发，旨在探讨奖励旅游购买中心的决策机制及其影响机制，构建了奖励旅游购买中心决策行为机制模型，系统解析奖励旅游购买中心的决策行为，在实践层面，对奖励旅游服务提供商的营销以及企业提高奖励旅游绩效都具有一定的现实指导意义。

表 4-11　D.HTM 市场营销关于旅游产品研究的论文

题目	基于大数据的 C2B 产品创新扩散研究——以飞猪旅行平台实践为例	全域旅游视角下舟山非物质文化遗产传承保护与活化利用的共生机制研究	游戏化创新在工业旅游产品中对游客响应的影响	奖励旅游购买中心社会网络、决策过程和绩效研究
作者（年份）	李少华（2019）	苗玲（2020）	黄自强（2021）	陈鹭洁（2022）
作者工作岗位	企业负责人	政府工作人员	企业负责人	高校教师
产品特性	C2B 创新产品	非遗活化	工业旅游产品	MICE
理论来源	创新扩散理论、期望确认理论、技术接受模型、组织采纳模型及信息系统期望确认模型	体验及真实性相关理论	游客时空行为理论、体验经济理论	组织购买行为理论、社会网络理论
案例地	飞猪旅行平台	舟山	上海 M50 景区	无
研究方法	混合研究	混合研究	定量研究	混合研究

从旅游产品特性看，李少华（2019）基于大数据下的 C2B 产品创新设计，凸显了大数据时代下新商业创新最新实践；黄自强（2021）的游戏化工业旅游产品创新研究，填补了旅游产品创新和游客时空行为、旅游体验和游后行为三者之间关系的研究空白，既有理论意义，更有实践应用价值。陈鹭洁（2022）

的论文是 88 篇研究样本中唯一一篇将研究视域放在了会展—奖励旅游的组织购买行为上。会展作为旅游产品非常重要的一个类别，陈鹭洁的研究在一定程度丰富了奖励旅游、组织购买行为和团队社会网络的研究成果，在实践层面，对奖励旅游服务提供商的营销以及企业提高奖励旅游绩效都具有一定的现实指导意义，也是社会网络理论在研究会展业的具体应用。

从各自论文研究所支持的理论看，更加凸显酒店及旅游管理专业博士论文在多学科、跨学科上的特性。李少华（2019）结合创新扩散理论、期望确认理论、技术接受模型（TAM）、组织采纳模型（TOE）及信息系统期望确认模型（ECM-IT），是管理学和计算机科学在旅游研究方面的应用；黄自强（2021）应用游客时空行为理论、体验经济理论，研究了在工业旅游产品中进行游戏化创新对于游客时空行为、旅游体验和游后行为响应之间的影响关系，是行为科学、地理空间学和体验经济学在旅游研究的具体实践。网络结构理论是把人与人、组织和组织之间的纽带关系看成一种客观存在的社会结构，分析这些纽带关系对人或组织的影响。社会网络理论自诞生以来，旅游研究充分借鉴了该理论的研究成果。陈鹭洁从组织购买行为理论和团队社会网络视角出发，是该理论在会展方面研究的具体实证性研究应用，充分体现了旅游研究的跨学科、多学科特性。

1.3.3 购买者

购买者也是旅游研究中关于"人与人""人与地"现象中对"人"的研究。只是从研究对象类属看，购买者与市场营销关系更紧密些，笔者将购买者纳入"市场"这个类属，而没有在"旅游者"类属中。这也说明旅游研究对象的分类并没有一个统一的标准。

对"购买者"的研究，无外乎是关于"购买行为""购买意愿""购买体验""购买动机"等。这六篇 D.HTM 博士论文关于"购买者"的研究也不出其右。

有意思的是，王嘉钰、刘道强、刘永生三位 D.HTM2016 同班同学都将研究案例地选择了方特主题公园（不同地区而已），其中两位博士关注了游客体验，另外一位关注了游客的时空行为。尽管案例地相同，但三位博士研究的视角、获取数据的方法、理论依据并不相同，如表 4-12，笔者将三位博士的论文做个对比。

表 4-12　D.HTM 市场营销关于主题公园研究的论文

题目	高科技主题公园的服务场景、游客体验及行为意向研究	中国内地主题公园游客时间及空间行为和二次消费及满意度的关系研究——以荆州方特东方神画为例	沉浸式娱乐项目对主题公园游客体验影响机制的研究
作者（年份）	王嘉钰（2019）	刘道强（2020）	刘永生（2021）
作者工作岗位	高校教师	企业负责人	企业负责人
研究问题	高科技服务场景、对游客体验和行为意向的影响	游客的时间及空间行为特征、二次消费特征、满意度特征	沉浸式娱乐项目对游客体验影响
研究方法	混合研究	定量研究	定量研究
研究案例地	宁波方特东方神画景区	荆州方特东方神画主题公园	绵阳方特东方神画主题公园
理论基础	SOR 理论（stimuli-organism-response）	时空行为理论、满意度理论	认知神经科学理论

　　在具体数据获取上，刘永生（2021）采用的是准实验的方法，将认知神经科学的研究方法运用到游客体验研究，借助脑电设备获取数据，从认知神经科学的视角为研究自然场景下的主题公园实时游客体验提出了新的研究手段。获取更加客观、真实数据，是对未来神经旅游学的前期实证研究工作有益的实践。

　　另外两位博士的论文，都是采用混合研究方法。茅矛是北京某高星级酒店负责人，她看到了随着生活水平以及需求层次的提高，家庭旅游客户成为高星级酒店重要的客源市场，茅矛（2021）的论文《儿童对家庭入住豪华酒店消费行为影响的研究》从家庭生命周期视角，引入客户价值，探究了儿童作为一个消费主体在家庭豪华酒店消费行为中是如何影响家长选择下榻酒店的。朱复清（2022）的论文《基于游客参与的数字化景区价值共创机理与应用研究》，抓住了游客在数字化景区价值共创是近年来旅游发展中出现的新现象和新变革，他的论文主要围绕游客参与数字化景区价值共创活动这一核心命题，系统研究了游客参与数字化景区价值共创意愿的影响因素。这两位博士论文的选题一个从本职工作出发、一个从现实旅游新现象入手，都具有很强的时代性，显现了酒店及旅游管理专业博士鲜明的特点。

1.4 对"旅游方式"的研究

笔者将出游方式、旅游类型等列入旅游方式，在 88 篇研究样本中，有 13 篇论文是关于旅游方式的，占比 14.77%。包括影视旅游（1 篇）、工业旅游（2 篇）、葡萄酒旅游（1 篇）、儿童及家庭度假旅游（3 篇）、定制旅游（1 篇）、研学旅游（3 篇）、老年旅游（1 篇）、生育旅游（1 篇）。为了便于研究分析，笔者将影视旅游、工业旅游、儿童及家庭度假旅游、老年旅游合并在"常规旅游方式"中（见表 4-13），而将葡萄酒旅游、定制旅游、研学旅游、生育旅游合并在"特殊旅游方式"中予以分析。

表 4-13 D.HTM 旅游方式关于常规旅游研究的论文

旅游方式	影视旅游	工业旅游		儿童及家庭度假旅游			老年旅游
作者（年份）	葛继宏（2016）	郑溯（2017）	王其（2018）	冯晓虹（2020）	秦晓利（2021）	吴复爱（2022）	汪群龙（2021）
题目	旅游目的地与影视作品的营销战略合作对中国旅游者行为的影响分析	基于绿色导向的工业遗产开发行动策略与多元价值机制研究——以中国工业遗产旅游资源开发为例	关于中国工业遗产旅游需求影响因素的研究	儿童旅游消费者社会化：个人特征、家庭沟通模式与旅游依恋的作用	家庭度假体验与度假酒店的价值共创行为探索研究	儿童及家庭旅游幸福感研究	老年人旅游体验、代际互动与幸福感
作者工作岗位	高校教师	企业负责人	企业负责人	政府工作人员	企业负责人	高校教师	高校教师
研究问题	影视作品与旅游目的地营销的战略合作对旅游者出游行为和意愿的影响	绿色导向工业遗产开发策略	工业遗产旅游需求影响因素	消费者社会化	家庭度假体验和度假酒店价值共创行为	旅游幸福感	老年人旅游体验、旅游代际互动和旅游幸福感三者之间的关系

续表

研究方法	混合研究	混合研究	混合研究	定量研究	定性研究	定性研究	混合研究
理论支撑	产业融合理论、推拉理论和战略合作理论	可持续性、绿色战略导向理论、过程理论、利益相关者理论	推拉理论、旅游消费者特性理论、需求理论、效用理论、粗集理论、体验营销理论、价格弹性理论、神经网络理论	消费者社会化、情感依恋、消费者忠诚、体验	价值共创消费者体验	幸福感、体验、家庭系统理论、	旅游体验理论、代际互动理论和幸福感理论

　　同时需要说明的是，旅游方式只是"游"的形式，研究问题还是涉及研究对象的消费者行为和旅游体验，之所以未将"儿童及家庭度假旅游""老年旅游"等放在"对人研究"的范畴，是基于对文本内容分析的类属编码，考察在不同方式下特定旅游者（如儿童）的行为与旅游体验是如何建构的。这样的分类，有助于笔者对不同旅游方式下的旅游者行为和旅游体验有更好的理解。

1.4.1 常规旅游

对出游方式的研究历来是旅游研究关注的重点。

■ 影视旅游

影视旅游又称影视引致旅游，是更具有文化色彩的新兴旅游模式。旅游经营者开发并利用电影电视的制作地点、环境、过程、节事活动以及影视剧中反映出来的自然和人文景观，进行针对性宣传和线路设计，推向旅游市场，将电影电视观众和游客紧密地结合起来，促使旅游者对影片拍摄地进行的全方位、针对性的全程旅游（单德朋，王英，杨霞，2014）。影视剧带来旅游目的地旅游热的现象引起了旅游研究者的关注（郭文，黄震方，王丽，2010），葛继宏是首位获得 D.HTM 博士学位的学员，现任某传媒学院院长，曾从事多年记者及传媒工作。葛继宏（2016）的研究采用混合研究方法，从旅游产业供给侧改革背景出发，探讨了旅游目的地与影视作品营销战略合作对旅游者行为的影响。

■ 工业旅游

工业遗产保护与开发研究，是从 20 世纪末开始逐渐活跃起来的，郑溯（2017）、王其（2018）采用混合研究方法，将研究视角都投向工业遗产旅游。郑溯的论文是基于绿色导向，探索并提出了工业遗产绿色开发过程理论，就工业遗产的多元价值如何实现以及其效益应当如何评判等作出自己的研究探索，促进了工业遗产保护开发的标准与规范以及流程管控等深入的研究。王其（2018）尝试将推—拉理论应用到工业遗产旅游的潜在需求研究中，开发了中国工业遗产旅游需求与影响因素的量表，通过定量的研究方法，收集数据并检验了影响因素和工业遗产旅游需求之间的关系。

■ 儿童及家庭度假旅游

儿童及家庭度假正逐渐成为旅游消费的主流，并已经成为新型的家庭教育和生活方式。消费者社会化是儿童学习成为消费者所必需的技能、知识和态度的过程，但是将儿童作为旅游者来理解儿童消费者社会化的相关研究却很少。冯晓虹（2020）的论文构建了一个以家庭作为重要社会化中介的概念模型，采用定量研究方法，实证阐述了旅游感知年龄、产品知识、旅游依恋和家庭依恋风格在消费者社会化中的作用，填补了相关研究的空白。秦晓利和吴复爱则采用定性研究方法。秦晓利（2021）对家庭度假体验和度假酒店价值共创行为做了探索性研究。而吴复爱（2022）则从幸福感角度对儿童及家庭旅游现象做了研究。以旅游时间为线索，探索儿童及家庭旅游幸福感影响因素，将旅游幸福感研究的场域扩展到生活世界、旅游世界及网络世界，扩大了旅游幸福感研究的空间。

■ 老年旅游

老年人旅游已成为现代社会普遍的消费现象，汪群龙（2021）论文以旅游体验理论、代际互动理论和幸福感理论为支撑，采用混合研究方法，在探究老年人旅游体验、旅游代际互动和旅游幸福感三者之间的关系，并以孝道的作用机制，深刻理解老年人旅游体验及其旅游幸福感。

1.4.2 特殊旅游

■ 葡萄酒旅游

葡萄酒旅游唯一兼具在认知、行为和情感三个层面的深度参与特性的特殊兴趣旅游方式，自 20 世纪 90 年代中期开始进入高速发展阶段，已逐步成为特殊兴趣旅游领域迅速壮大的一个分支。杨双双（2019）专注于葡萄酒旅游，也是 84 篇样本数据唯一一篇关于葡萄酒旅游的论文。杨双双（2019）采用混合研究的研究框架，从特殊兴趣旅游的两个关键概念"动机因素"和"游客涉入与参与的需求"切入，研究得出，葡萄酒主题出境游游客的动机主要可分为学习交流动机、购买品鉴动机、休闲娱乐动机；出游欲望受到游客对葡萄酒旅游的态度、正向情绪预期、感知行为控制的影响。杨双双的研究拓宽了 MGB 理论的应用范畴，丰富了特殊兴趣旅游以及葡萄酒主题旅游的游客视角研究，对深入理解现阶段中国葡萄酒主题出境游游客的行为意向形成过程，具有一定的理论贡献。

■ 定制旅游

自我民族志凸显了"自我"，是一种对研究者亲身经历的文化体验展开反思性描述的质性研究方法。研究范式的自我转向在本研究样本中得以体现。吴巧凌博士，荣获国家特级导游称号，是一位资深的旅游行业从业人员，专注于高级定制旅游。她说，"我是导游，应该是个知识的传播者"，从业三十余年，吴巧凌初心未改，坚持累积广博的知识，以优质的服务广交天下朋友，让海外的朋友认识我国的地大物博、民俗风情和灿烂的历史。吴巧凌的论文采用自我民族志的笔法，以苏州、上海、南京与香港四地为案例，从旅游高级定制运营的角度出发，深度剖析了昆曲旅游活化的多重路径。吴巧凌在完成论文后，曾和笔者交流过，她说，"高级定制客户群体对服务的要求很高，很多品牌酒店的服务往往具有仪式感，并融入各自品牌的文化特色，选读 D.HTM 是一种必要的投资，令我在高级定制产品接待中游刃有余"。吴巧凌（2020）的研究不仅是对高级定制旅游在学术上的一次实践探讨，更是在旅游现实环境下，传统戏曲可以通过旅游活化获得新的宣传渠道，重新焕发活力，进而推动中国文化旅游产品步入优化升级的可持续性发展良性双循环发展路径。这在当下讲好中国故事，坚持文化自信的时代背景下，显得特别具有实践指导意义。从知识传播角度看，她的博士论文更像一位跨界的知识寻觅者和传播者，通过她的高级旅游定制，不仅为传统非遗戏曲找到了活化保存的路径，也为传统戏曲的普及、推广提供了可持续的传播平台。

■ 研学旅游

研学旅行作为一种旅游的新业态，研学特有的"教育＋旅游"产品，越发受到关注，成为学者研究的热点。付卉、卢雪英、夏丹琦将研究视角放在研学上，研究方法都采用定性研究的方法，但彼此的研究重点、研究策略各不尽相同（见表4-14）。

表4-14　D.HTM旅游方式关于研学旅游研究的论文

题目	大学生短期海外研学旅行体验研究	研学旅行的服务创新和价值共创研究	儿童社会化视角下教育旅游的学习体验研究
作者（年份）	付卉（2020）	卢雪英（2021）	夏丹琦（2022）
作者工作岗位	高校教师	高校教师	企业负责人
研究问题	大学生短期海外研学旅行体验	研学服务创新和价值共创	儿童社会化研学学习体验

■ 生育旅游

近些年来，旅游业在迅速的发展中，旅游的种类和目的也更加新颖化、细致化和多元化。其中，生育旅游这个词汇虽然偶有出现，但更多的是在社会学科范畴讨论，旅游学科鲜有涉及。王匯通（2021）观察到，生育已然成为旅游动机之一，虽然隐秘且隐晦，但是值得研究。王匯通的论文《生育旅游动机》，采用定性研究方法，对生育旅游动机做了探索性研究，对生育旅游的"动机"做出解释。他的研究突破对"生育旅游"现象观察仅停留在大众化、常识化认识的局限和偏见，在心理学的动机理论支撑下，第一次从学术的角度对生育旅游的动机在旅游学科层面做了研究。

王匯通（2021）的论文，不仅体现了D.HTM博士论文知识生产的跨学科性，还显示了旅游专业博士选题视角的多元化和独特性，将观察到的社会现象与旅游学科研究结合起来，产生新的知识。

1.5 对"教育／培训"的研究

在人文社科类学者的研究模式中有个优秀的传统，那就是始终保持对工作的持续关注，保持"头脑里"的思想和见解，并且也从与同行的频繁接触中获益。以本职工作作为一个研究模式和一个研究领域（Costley & Armsby，

2007），是 D.HTM 选题视角的一大特点，把现实问题转化为学术问题，体现了在职专业博士在应用研究方面的知识生产和应用的独特性，这方面，在对教育 / 培训的研究中得到充分体现。在 88 篇研究样本中，有五篇是关于酒店及旅游教育 / 培训方面的研究，研究问题的缘由都和各自工作密切相关（见表 4-15）。

表 4-15　D.HTM 关于旅游教育 / 培训研究的论文

题目	中国旅游高等教育实践教学体系构建研究	旅游在线教育用户持续使用意向研究	校长领导力视角下的中国旅游职业教育创新——基于扎根理论的研究	酒店培训对组织承诺的影响机制研究——以目标导向为中介	酒店及旅游管理专业选择影响因素研究
作者（年份）	汪京强（2018）	姜国华（2019）	李旭芳（2021）	赵莉敏（2021）	于世春（2022）
作者工作岗位	高校教师	高校教师	高校教师	企业负责人	高校教师
研究背景	为适应旅游业发展，高校的旅游教育势必要加大旅游实践教学的力度	数字化的在线学习方式，如何有效留住学习者成为教育者们不得不面临的一个新问题	不同的领导力模式是否会带来不同模式或层面的教育创新已成为学界非常关注的课题	酒店人才发展情况不容乐观，如何通过努力有效改善员工组织承诺程度低	酒店及旅游管理专业（HTM）每年仍面临招生难、学生专业认同低、行业就业率低等困境
研究问题	中国旅游高等教育实践教学体系构建研究	构建旅游在线教育用户持续使用意向研究	校长领导力视角下旅游职业教育创新的研究	酒店培训对组织承诺的影响机制研究	研究学生选择 HTM 专业的影响因素
研究方法	混合研究	混合研究	定性研究	混合研究	混合研究

旅游学科以其实践性、操作性和综合性的特征，有别于一般基础性学科，这对教学双方都提出了特殊的要求。李旭芳、汪京强、于世春是高校旅游及酒店管理专业的教师，他们的选题和旅游学科建设、学生就业等相关。李旭芳（2021）将选题视角聚焦校长领导力与旅游职业学校教育创新之间关系的研究；汪京强是旅游老五所本科院校国家级旅游课程实验室的主任，他以《中国旅游高等教育实践教学体系构建研究》为题，基于对中国旅游教育问题的背景分析、理论挖掘，并结合实际教学过程中的实践教学模式而开展实证研究，从教学、

课程和生产实习三个层面对中国旅游实践教学过程中的要素、原则、方式方法、实践效果等进行了探讨。于世春是一所民办旅游专业本科学院的副院长，他敏锐地发现了目前酒店及旅游管理专业每年都面临着招生难、学生专业认同低、行业就业率低等困境，人才供需矛盾已成为阻碍旅游业发展的重要矛盾之一这样的现实，于世春（2022）的论文研究学生选择 HTM（酒店及旅游管理）专业的影响因素，探究其专业选择意愿、专业认同及行业就业意向等问题，在当下具有重要的理论和实践意义，论文指导委员会老师给予了较高评价。

姜国华也是高校教师，他看到了数字化在线学习方式是未来接受教育的新途径，但也由此产生了如何有效留住学习者成为教育者们不得不面临的一个新问题。姜国华（2019）的论文以旅游在线教育用户为研究对象，构建了旅游在线教育用户持续使用意向的分析模型，他的研究结论对提升旅游在线教育用户的持续使用意向具有重要的现实意义。

赵莉敏一直从事酒店培训工作，她在实践中看到了高素质高能力的专业人才远不能满足行业发展要求，同时酒店员工的留任率和离职率也令人担忧的现实，她将她的博士论文研究和实践结合起来。她在致谢中写道，"至今依然清晰地记得，在我纠结于既想将研究与实践工作结合却又找不到特别合适的切入点时，导师的一个建议让我瞬间醍醐灌顶"，这既有对导师的感谢，也让笔者看到研究者将知识生产来源于实践并用于工作实践上的初心。赵莉敏（2021）的论文在理论上不仅丰富了目标导向理论内涵，更在实践上验证了其在中国酒店业的适用性，扩充了对组织承诺影响因素的研究内容及适用背景。科学验证了培训是连接企业需求和员工需求的桥梁，在目标导向视角下的酒店培训，不是灌输知识，而是点燃热情。当下酒店太需要热情，有热情的员工才能点燃激情燃烧的岁月。

1.6 对"法律/政策"的研究

张弘的论文《跨境旅游合作政策研究》是 88 篇研究样本中唯一一篇对跨境旅游合作区政策做研究的论文，体现了区域经济与旅游结合研究的知识生产。张弘（2018）采用定性研究方法，以"旅游政策制定过程理论"和"旅游合作动机理论"作为理论基础，从政策分析的视角对中俄跨境旅游合作区进行研究。李国宏（2021）、李毅（2021）都以利益相关者理论作为理论支撑，研究的对象都是乡村旅游开发，而侧重点各不相同。李国宏研究的是乡村旅游开发过程中的治理问题；李毅以乡村旅游用地政策为研究对象，研究的重点是乡村旅游用地政策实施的影响因素。李国宏研究还运用了社会网络分析法，利用网络社群图，网络密度、结构洞、影响力指数等指标对研究案例两个样本地的利益关系网与认同关系网的网络结构进行分析，借助社会网络建构理论模型，体现了D.HTM 博士论文在研究方法上与时俱进。

张弘和李毅都是采用定性研究的案例研究法。张弘和李毅的论文更多地聚焦案例地的事实，探索性地解释"是什么"和"为什么"。案例研究法是一种常用的研究方法，研究者综合运用多种收集数据和资料的技术与手段，通过对特定社会单元（个人、团体组织、社区等）中发生的重要事件或行为的背景、过程的深入挖掘和细致描述，呈现事物的真实面貌和丰富背景，从而在此基础上进行分析、解释、判断、评价或者预测。"What"和"Why"这类问题可采用实验法、历史分析法或案例研究法，如果这类问题同时又是当前发生的并且可控程度不高，就可选用案例研究法（Yin，2017）。

从知识生产的意义看，这三篇论文都具有非常好的实践应用意义。首先，回应了时代需求，研究的问题都是旅游实践中产生的具体问题；其次，对具体问题提供了具有可操作性的指导建议或措施；最后，研究结论可以为其他类似问题的解决提供具体解决思路或办法（见表4-16）。

表 4-16　D.HTM 关于旅游政策 / 法规研究的论文

题目	中俄跨境旅游合作区政策研究	乡村旅游开发中的治理问题研究——基于利益相关者网络关系视角	乡村旅游用地政策实施的影响因素及作用机制研究——基于利益相关者理论
作者（年份）	张弘（2018）	李国宏（2021）	李毅（2021）
作者工作岗位	政府工作人员	企业负责人	企业负责人
研究问题	跨境旅游合作政策研究	乡村旅游开发治理	乡村旅游用地政策影响因素
研究背景	开展区域旅游合作是当今世界旅游业发展的必然趋势		

续表

研究方法	定性研究	混合研究	定性研究
理论支撑	旅游政策制定过程理论、旅游合作动机理论	利益相关者理论	利益相关者理论
案例地	满洲里与俄罗斯后贝加尔斯克市、绥芬河与滨海边疆区、黑河与布拉格维申斯克市3个跨境旅游合作区	湖州市德清县莫干山镇燎原村与仙潭村两个乡村旅游地	海南省三亚市中廖村

1.7 其他方面的研究

1.7.1 旅游规划

如何看待地理环境与人类的关系是地理学的重大问题，从旅游学科角度对地理空间的开发和利用研究，显然强调了旅游资源配置中人与人、人与地、地与地相互关系对地理环境的支配作用。对旅游系统空间结构的研究始于20世纪60年代，经过半个多世纪的发展，旅游空间结构研究已成为旅游学科较为成熟的研究领域，研究成果丰富，既有对地理学、社会学理论的应用与创新，也有旅游学者创立的理论和模型。

在本研究样本中，笔者将王娟的论文《皖南国际文化旅游示范区空间格局演变、效应及优化研究》和徐进的论文《旅游场域中科创园区的空间生产研究：以杭州梦想小镇为例》都是以旅游要素在"空间"格局演变或空间生产为研究对象做个对比。王娟的研究遵循人文地理学的研究范式及方法论，在定量部分的具体研究方法是这88篇研究样本中唯一采用ArcGIS最近邻分析法、核密度分析法和位序—规模法则等方法，对2001—2019年皖南地区旅游截面数据进行分析，对皖南国际文化旅游示范区的旅游空间格局演化和效应进行研究，这些研究策略的运用，体现了D.HTM博士论文在研究方法和策略选择上"有的放矢"。徐进（2021）提出了"科创场域"概念，丰富了旅游空间研究的范围。笔者主要从研究的理论支撑、运用的研究方法以及实践意义三方面对D.HTM关于旅游研究规划方面的研究做个对比。详见表4-17。

表 4-17　D.HTM 关于旅游规划研究的论文

题目	皖南国际文化旅游示范区空间格局演变、效应及优化研究	旅游场域中科创园区的空间生产研究：以杭州梦想小镇为例
作者（年份）	王娟（2021）	徐进（2021）
作者工作岗位	高校教师	政府工作人员
理论支撑	核心—边缘理论、点—轴系统理论和板块旅游理论	场域理论、空间生产理论
研究方法	混合研究	定性研究
实践意义	破解景区门票依赖，为中国众多同类旅游地转型升级提供经验借鉴	帮助科创园区的管理经营者，为科创园区创新空间规划建设实践提供指导

1.7.2 旅游经济

随着中国新型城镇化建设和美丽乡村建设等重要工作的不断推进，"特色小镇"的概念受到越来越多理论界和实践界人士的关注，在此背景下，齐鸣的论文《特色小镇文化创意产业对旅游经济效益的影响研究——以浙江为例》，利用经济学的外部性理论和旅游学的区域旅游开发理论为理论支撑，以文化创意产业作为研究的切入点，采用混合研究方法，从三个方面探讨了特定产业和特色小镇之间的关系。齐鸣（2021）的研究首先是探讨了特色小镇旅游的影响因素、特色小镇文化创意产业和旅游的关系及测量；其次研究了特色小镇文化创意产业聚集度、文化创意产业发展质量和旅游经济效益的测量关系，充分体现了 D.HTM 知识生产的多学科、跨学科性。

1.7.3 旅游地理

从本质上讲，周春林（2022）的博士论文《基于空间句法的"旅游空间"意象与构形研究》也属于旅游空间研究范畴。因为空间意象在研究本质上属于空间认知的研究范畴，是人与空间关系的重要研究内容。笔者之所以将周春林博士论义研究对象类属归集于旅游地理，是因为该论文从"旅游空间"概念的现象学出发，以认知地图调查和空间句法分析作为理论分析依据，采用混合研究方法，探讨"旅游空间"内空间意象与空间构形的关系。空间意象与空间构形是旅游地理学重要的研究内容，因此纳入旅游地理这一类属。周春林（2022）对"旅游空间"的概念做了新的思考，并尝试将认知地图的定性研究和空间句法的定量研究结合使用，该研究深入理解了旅游空间的构形特征与旅游者的空间意象认知之间的关系，从而更好地理解人与空间的关系，因而无论在具体的研究方法上还是理论张力上，都具有广泛的理论和现实价值。

1.7.4 乡村振兴

乡村发展问题成为许多国家政府和机构的重要议题。乡村创业能够创造就业机会，增加地方收入水平，解决乡村地区低收入社区和贫困地区根深蒂固的经济发展问题，成为消除乡村贫困和城乡差别的主要手段，乡村创业成为很多国家发展策略的关键内容。韩晓燕（2019）的论文《乡村创业环境、创业资源和创业绩效的影响关系——来自中国民宿的实证研究》，采用混合研究方法，构建了更加适应中国情境的乡村创业环境的评价指标体系，并探讨了乡村创业环境与创业资源和创业绩效之间的作用机制。韩晓燕（2019）的研究既是对以往创业环境，特别是乡村创业环境理论的继承与发展，也是将论文写在中国大地上的具体实践。

1.7.5 仅从题目窥探研究对象类属

由于各种原因，笔者仍无法获取五位已经毕业的 D.HTM 同学的博士论文，算是一种小小的遗憾。仅能从这些同学的博士论文题目中窥探出各自的研究对象。对"组织发展"的研究有，王睿（2021）《在线旅行平台企业与酒店集团忠诚客户计划的竞合关系以及会员激励与会员价值的研究》、王凯（2018）《基于品牌联合的酒店场景化价值共创机理研究》和孔劲（2022）《疫情环境影响下西餐厅经营转型案例分析——以南京牧心花园西餐厅为例》，对"组织发展"研究中，还体现了"价值"和"转型"；对"旅游规划"研究的有熊华勇（2022）《真实性设计和历史街区形象感知关系研究——以汉口历史街区为例》，从题目看，该论文涉及了真实性与地方感知。对"旅游经济"研究的有罗敏（2022）《基于感知分析的旅游发展对海岛居民家庭收入不平等的影响研究》。由于无法对上述五篇论文全文做具体内容分析，仅从题目上做分析，显然是力不从心。

2. 研究方法

研究方法是学科知识生产的生命线，贯穿整个学科知识体系，是完成学术对话的根本保证。

　　研究方法是指在研究中发现新现象、新事物，或提出新理论、新观点，揭示事物内在规律的工具和手段。陈向明（2000）认为，研究方法是研究的思维、行为方式和程序、准则的集合。艾尔·巴比（2000）曾说过，没有一种研究方法适用于所有的研究议题和情境，因为每种研究方法都有自身的优缺点。从这个意义上说，有什么样的研究方法，就有什么样的科学研究，研究方法体现了研究者的哲学观和对科学范式的认知和选择。

　　研究方法是推动一项研究顺利进行的基本功。"工欲善其事，必先利其器"，如果"事"属于科学研究，那么"器"便是研究方法，是从"已知此岸"通向"未知彼岸"的桥梁。酒店及旅游管理的学术体系是一个多层次、多角度的复杂系统，包括了旅游学科研究问题的理论框架、方法体系、课程教材体系、学术标准以及评价体系等。

　　D.HTM 课程设置相当重视对学员在研究方法方面的训练和指导，除了有必修课定性研究、定量研究之外，还有研究方法选修课，以及研究研讨课程训练。在每门课程上，授课教师都强调对研究方法的训练和指导。从本研究样本看，采用定量研究的有 21 篇，占比 23.86%；采用定性研究的有 23 篇，占比 26.14%，采用混合研究的有 44 篇，占比 50%。若结合当年毕业人数，我们也大致能看到定性研究方法在 2019—2021 年度使用率较高。详见表 4-18：

表 4-18　D.HTM 毕业论文采用的研究方法一览（篇数）

	毕业人数	定量研究	定性研究	混合研究
2016 年	2			2
2017 年	1			1
2018 年	10[1]	1	2	6
2019 年	20	3	5	12
2020 年	15	8	5	2
2021 年	23	5	6	12
2022 年	22	4	5	9

---

　　① 　合计数有误差，是因笔者没有取得已毕业同学论文带来的差异。

我们再将研究对象和研究方法结合起来看，看看针对不同研究对象，D.HTM 博士们采用了哪些研究方法（见表 4-19）。

表 4-19　研究对象与研究方法（单位：篇）

	人一人	教育/培训	组织发展	政策/法规	旅游地理	旅游规划	乡村振兴	旅游经济	市场营销	旅游方式
定量研究	10		7						3	1
定性研究	6	1	6	2		1				7
混合研究	13	4	7	1	1	1	1	1	10	5

2.1 混合研究方法

混合研究方法（mixed methods）已经进入了大量的社会科学、行为科学、健康科学、心理学以及教育学的学术文献中，运用混合方法进行学术研究似乎成为一种趋势［Creswell & 李敏谊（译），2015］，并已在许多学科得到了应用（Li，2012；Molina-Azorín，2010），包括酒店及旅游业（Truong，Xiaoming Liu，Yu，2020）。从选取的 88 篇论文看，采用混合研究的有 44 篇，占比 50%。混合研究方法成为 D.HTM 博士论文最主要的研究方法。

混合研究法是通过定性和定量两阶段设计方法来进行相关研究的一种研究范式（Alexander，Beveridge，MacLaren，D. O'Gorman，2014），与单独的定性或定量研究方法相比，混合研究方法对研究问题提供了更有洞察力和复杂的答案，它进一步提供了整合定量准确性和叙事复杂性的平台，并试图在定量研究范式和定性研究范式的论争中闯出"第三条道路"的一种妥协或者调和，成为定性研究和定量研究的天然补充［Creswell & 李敏谊（译），2015］。

国际上对混合研究下过这样的学术定义，"研究者在单个研究或者某个研究方案中同时使用定性和定量研究方法，来收集、分析数据资料，整合研究发现以及作出推断"（Tashakkori & Creswell，2007）。混合研究方法有三种基础的设计方案（聚敛式设计、解释性设计、探索性序列设计）和三种高阶的设计方案（干预设计、社会正义设计、多阶段评估设计）。这六种设计方案在本研究样本中都有体现，也在旅游及酒店研究应用中得到了验证（Mariani & Baggio，2020）。

下面结合本研究样本做个说明。

■ 聚敛式设计（convergent design）：同时收集和分析定量数据和定性数据，最后基于比较两者结果的目的，对定量数据和定性数据进行聚合分析或互相验证。

聚敛式设计是混合研究方法中最常见的一个研究策略，如图4-4所示，葛继宏（2016）的《旅游目的地与影视作品的营销战略合作对中国旅游者行为的影响分析》采用了定性和定量分析结合的混合型研究方法，其中定性分析采用访谈和案例分析，定量分析采用描述统计和高级统计方法。

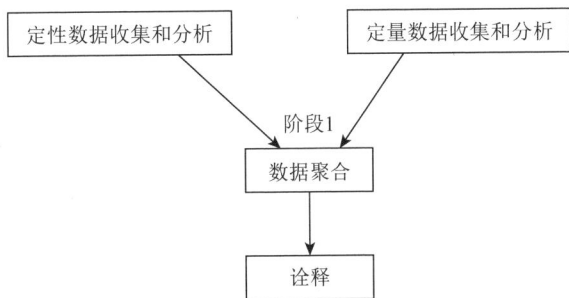

图 4-4　聚敛式设计

■ 解释性设计（explanatory sequential design）：先收集定量数据，然后使用定性数据来深入解释定量研究的结果（见图4-5）。

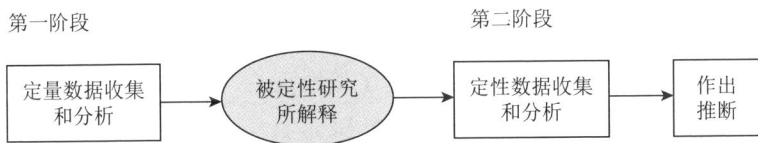

图 4-5　解释性设计

如罗建基（2022）探究博物馆讲解志愿者在志愿服务中所呈现的深度休闲特征、所生成的社会资本、所产生的幸福感三者之间的关系，社会资本在深度休闲与幸福感关系中是否发挥中介效应，人口统计变量在博物馆讲解志愿者深度休闲、社会资本、幸福感三者关系中是否发挥调节效应。在对定量数据做了描述性分析后发现，博物馆讲解志愿者在讲解志愿服务过程中构建的社会资本在深度休闲与幸福感之间并不起中介作用，针对这个问题，研究者展开了进一步的深度访谈，并对访谈资料予以分析，得出了不起中介作用的三点原因做了解释性描述。首先是博物馆讲解志愿者在讲解志愿服务过程中构建的社会资本延伸了社会资本内涵，在客观上反映了博物馆讲解志愿者这个群体的特殊性；其次，博物馆讲解志愿者在讲解志愿服务过程中获得的幸福感具有短暂阶段性；最后，受访博物馆讲解志愿者在志愿讲解深度休闲活动中构建的社会资本是客观存在的，在深度休闲与幸福感之间是否起中介作用，主要取决于博物馆讲解志愿者的主要参与动机。

■ 探索性序列设计（exploratory sequential design）：先用定性研究探索研究问题，然后将定性研究发现用于第二阶段的定量研究，第三阶段定量研究工具、干预或者各种研究变量都被用于定量数据收集和分析的过程（见图4-6）。

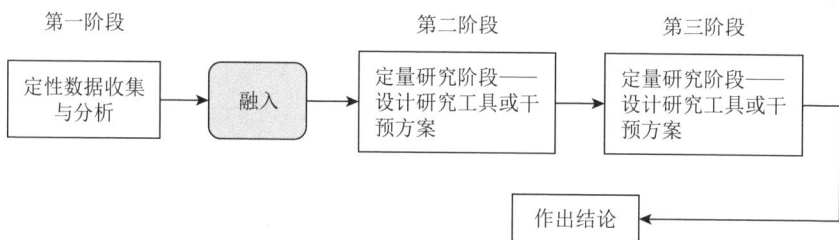

图 4-6　探索性设计

例如，陈鹭洁（2022）的《奖励旅游购买中心社会网络、决策过程和绩效研究》首先使用质性研究方法，拟订访谈提纲，对15个企业的奖励旅游购买中心成员进行一对一的深度访谈，然后基于扎根理论，采用 Nvivo12 软件对访谈逐字稿进行编码分析，在此基础上，设计研究工具和研究方案，构建了奖励旅游购买中心决策行为机制模型。最后，依据模型呈现的关系，使用定量研究方法中的社会网络分析、方差分析、回归分析等方法，对购买中心的社会网络特征及其与决策过程和绩效之间的关系进行检验。在这篇论文中，研究者通过探索性设计，构建了奖励旅游购买中心决策行为机制模型，系统解析奖励旅游购买中心的决策行为，在一定程度上丰富了奖励旅游、组织购买行为和团队社会网络的研究。

混合研究方法还有三种高阶的设计方案，包括干预设计、社会正义设计和多阶段评估设计。这三类高级设计方案在本研究样本也有呈现。

■ 干预设计：在基础设计方案之上，通过添加实验研究或者干预试验来研究问题，以王娟博士为例。

王娟（2021）《皖南国际文化旅游示范区空间格局演变、效应及优化研究》这篇论文在研究方法上采用的就是混合研究的干预设计。首先，采用 ArcGIS 最近邻分析法、核密度分析法和位序—规模法则等定量方法，运用 2001—2019 年皖南旅游区七个城市人均旅游人次数据和 2001 年、2005 年、2010 年、2015 年和 2019 年皖南旅游区 4A 级以上景点游客接待量数据，对皖南国际文化旅游示范区的旅游空间格局演化和效应进行研究，在研究之前添加定性数据。其次，采用二手资料分析法，结合访谈法，对旅游空间格局效应演变影响机制进行分析，构建出皖南旅游区空间结构效应演变及影响机理模型。再次，以核心—边缘理论、点—轴渐进扩散理论等旅游空间结构理论为指导，结合对政策、体制、市场需求和内外交通等影响因素的未来发展情况展望，构建出"二级旅游增长极、两条发展轴线、四大旅游组团"的空间格局优化体系。最后，本文提出创新经营模式。

王娟的研究设计如图 4-7 所示：

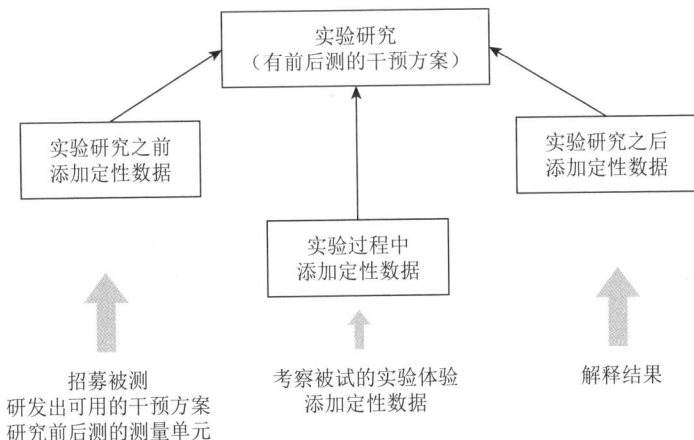

图 4-7　干预设计

■ 社会主义设计：旨在通过一个统领性的社会正义理论框架来研究问题，这个理论框架贯穿在混合方法研究的全过程。研究结果目的在于帮助边缘群体或处境不利的群体。

向科衡（2022）的毕业论文关注的是"性平等"，研究设计采用的是混合研究方法中的社会主义设计。向博士在研究 1 中通过定性研究探索了中国同志赴泰旅游的身份认同与具身体验的内在关联，分别通过视频民族志和叙事分析进行了探索性研究；在研究 2 中则通过定量研究分析了中国同志赴泰旅游的身体展演内在机制。详见图 4-8 所示：

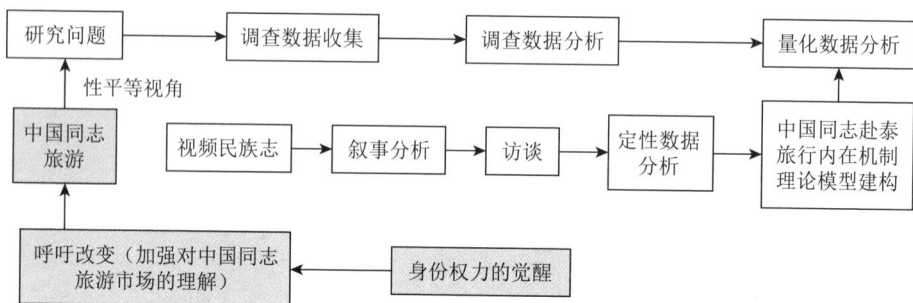

图 4-8　社会主义设计

■ 多阶段评估设计：旨在通过历时性来研究某种背景下所实施的某个项目或者活动的成效。

李军（2016）的《基层领导行为对员工绩效影响机制研究——工作价值观的视角》采用的就是多阶段评估设计方法的一种——追踪研究（Panel Study）。追踪研究是多阶段评估设计中最为严格的一种，特别适合用于追踪现象随时间变化的趋势。李军结合自己在航司地勤服务工作的有利条件进行追踪研究，用以探索基层领导行为对员工工作绩效影响机制的复杂关系。在具体研究设计上，李军将研究分为 3 个阶段，结合采用横向和时滞相结合的方式研究基层领导行为对任务绩效的作用、工作效能感的中介作用以及代际差异的调节作用。第一，根据量表进行前研究，掌握基准的测量数据。第二，根据领导理论的内容，连续开展两次领导培训，在确保培训效果的前提下，对每次培训后对应各员工群体的变量特征进行跟踪研究，探讨自变量变化后对中介变量（工作效能感）、因变量（工作绩效）的影响以及调节变量（工作价值观）在当中的作用。从而对相关假设进行检验。第三，对三次跟踪实验的结果进行分析。从互动的角度，探讨基层领导行为对工作绩效影响的相关规律。李军（2016）在掌握实测数据，并进行数据分析检验后，为确保研究结论的可靠性，再按照实验设计的方法，追踪察员工培训前后相关变量的强弱及变化情况，分析其趋势，从而解决变化是否由刺激产生以及在多大程度是刺激的原因。这样的研究设计确保了整个研究过程严谨科学，从而确保了研究结论的可靠性，可检测性。研究结论有助于航司地服部门基层领导力的提升。

2.2 定性研究方法

在本研究的样本中，有多达 23 篇以质性研究作为研究方法的博士论文，占比达 26.14%，显示定性研究方法在旅游研究的应用和独特魅力。定性研究是一种在自然情境下，对个人的生活世界以及社会组织的日常运作进行观察、交流、理解、体会和解释的过程（Denzin & Lincoln，1994）。Babbie（2009）认为定性研究更多的是开放性，较少的结构化和非结构化，使研究者在获取信息时具有一定的灵活性，定性研究以研究者本人作为研究工具，在自然情境下采用多种资料收集方法，对社会现象进行整体性探究，主要使用归纳法分析资料和形成理论，通过与研究对象互动而对其行为和意义的构建获得解释性理解的一种活动（陈向明，2000），因此定性方法特别倾向于探索、发现和归纳逻辑［Babbie & 邱泽奇（译），2009］。表 4-20 从定性研究的关注域、研究目标、程序、特点、指导思想、研究策略、运用工具以及定性研究的优缺点方面做了归纳。

表 4-20　定性研究方法的特征

特征	具体表现
关注域	关注个体的、相对微观的、相对特殊的、侧重主观意义的、有关具体情境之中的互动问题
研究目标	揭示现象变化过程、现象内在联系、研究对象的主观认知；诠释行为意义，发展和建构新的理论假设
一般程序	灵活性；开放性；变动性——一切视情况而定：研究进程如何开展，没有明确的规定性，视实地情景的变化、研究者的体验感受与创造性想法、被研究者的反馈等而定
特点	资料的收集与研究问题的形成同时进行，不断往复；是一种难以学习和掌握的方法，更难以复制，每一次定性研究都是一次创造

续表

特征	具体表现
指导思想	化繁为简。通过将所研究的现象放回具体的现实情境、放回具体的时空背景、放回具体的社会互动中去观察、去研究、去理解、去诠释，来达到真正认识这种特定社会现象的目的
相应策略	1. 以研究方法的多样性来应对社会现象的复杂性，必须保持方法上、程序上的开放性、灵活性与多样性，才能尽可能地达到能保持研究对象的完整性、复杂性，保持研究对象与各种相关因素的关联性 2. 牺牲考查现象的范围和广度；牺牲研究结论的推广程度
工具	以研究者自身作为研究工具
优势与缺陷	1. 能更好地应对和适应研究对象和社会现象的多样性和复杂性；能更好、更有效地理解研究对象 2. 易受研究者主观经验的影响；研究者的素养、心智、品质、眼光、观察能力、交往能力、悟性变得格外重要，但却难以教会与学会，只能靠主观体会、意会与顿悟

（笔者根据文献资料自行整理）

在定性研究的具体策略运用上，是根据研究问题选择的，有运用扎根理论（如付卉、王培来、张弘、李旭芳、卢雪英等）、运用现象学（如陈茵、王匯通等）、采用叙事分析法的孙艳、网络民族志（如吴复爱、钟斐等）、人类学田野调查的张文成、案例研究（如吴巧凌、李毅等）。其中现象学方法、叙事分析法、话语分析是社会科学方法近年来在旅游应用研究中常用的方法，做个具体介绍。

■ 叙事分析法

孙艳是上海某高校教师，她的博士论文《海外移民返乡家庭旅游中的集体记忆与国家认同》首次尝试将叙事分析方法应用于旅游研究中，通过对十个海外华人家庭的深入访谈和叙事分析，再现了海外移民返乡旅游中家庭集体记忆和国家认同的建构过程。叙事分析方法作为一种研究策略被广泛应用于社会学、心理学、人类学、语言学等学科中。孙艳（2019）通过叙事分析有助于了解海外移民家庭返乡旅游体验的意义，从叙事风格角度有助于了解海外移民家庭对国内社会生活和旅游实践活动的认知和记忆；从叙事话语角度有助于了解海外移民家庭对国家认同的个体或群体的文化价值，可以使人们深入理解集体记忆和国家认同是如何由个人与社会产生、组织、理解和分享的，并有助于阐明国家认同是如何构建、接受或消退的。

孙艳在论文"后记"中以研究者自身视角反思并深描了她在运用叙事分析法的一些心得感悟——如何确定和找寻访问的对象，在找到受访者后又如何突破时区的障碍，如何以友善和耐心倾听的诚意和家国认同的大义，去帮助受访家庭克服有关隐私的顾虑；如何对已经从语音转为文字的众多差异性素材进行研究分类，如何对初步归类出的 60 多个情节进行最佳分析；如何将从文学分类法中得到的灵感与"集体记忆""家国认同"的研究目标对接，如何把已经整理出的 54 个主题情节归纳为研究分析所需的编码……——这样的反思和深描表达了质性研究的独特魅力，可以让读者进入到研究者当时的研究情境下而产生"共情"。

■ 现象学方法

众所周知，德国哲学家、数学家胡塞尔是现象学的创立者，他认为人们主观直接的经历和体验是认知和学识的源泉。现象学被广泛应用于社会学、心理学、教育和健康科学领域［Creswell & 李敏谊（译），2015］，现象学被作为一种研究方法的同时，更适合把现象学看作是一种研究的理论视角（theoretical perspective）。现象学研究方法是一个从现象—问题—研究—结论科学的研究过程，也是博学、审问、慎思、明辨的过程，更是研究者哲学观和方法论在旅游研究的具体实践。

王匯通（2022）观察到生育旅游这一现象，运用现象学方法，采取文本分析、深度访谈、观察分析等手段，探索了生育旅游的种种动机。

"女人生孩是人类最重要的事情"，所以，王匯通将研究视角转向了生育旅游动机的研究。他告诉笔者道，"博士课程学习中，若有论文题目的灵感，我就先做好记录。我曾有三个论文题目备选，经过评估和咨询后，生育旅游是最可行的"，王匯通（2022）《生育旅游动机》的研究突破了生育旅游仅停留在大众化、常识化认识的局限和偏见，从学术的角度进行研究，其目的在于尽可能全面地探索生育旅游者们的出行动机。王匯通的研究提炼归纳出生育旅游群体的七项主要动机：移民，医疗健保，法规，声望，投亲靠友，攀比，保密和二项辅助动机：观光购物，金融投资，在理论上和具体实际应用上都拓宽了生育旅游动机的研究，丰富了生育旅游具体动机的表达。当然，让王匯通开心的还有，"我的论文特点是，题目很短，就三单词"，题目虽短，内容却很丰富，是一篇很好的旅游社会学论文（见图4-9）。

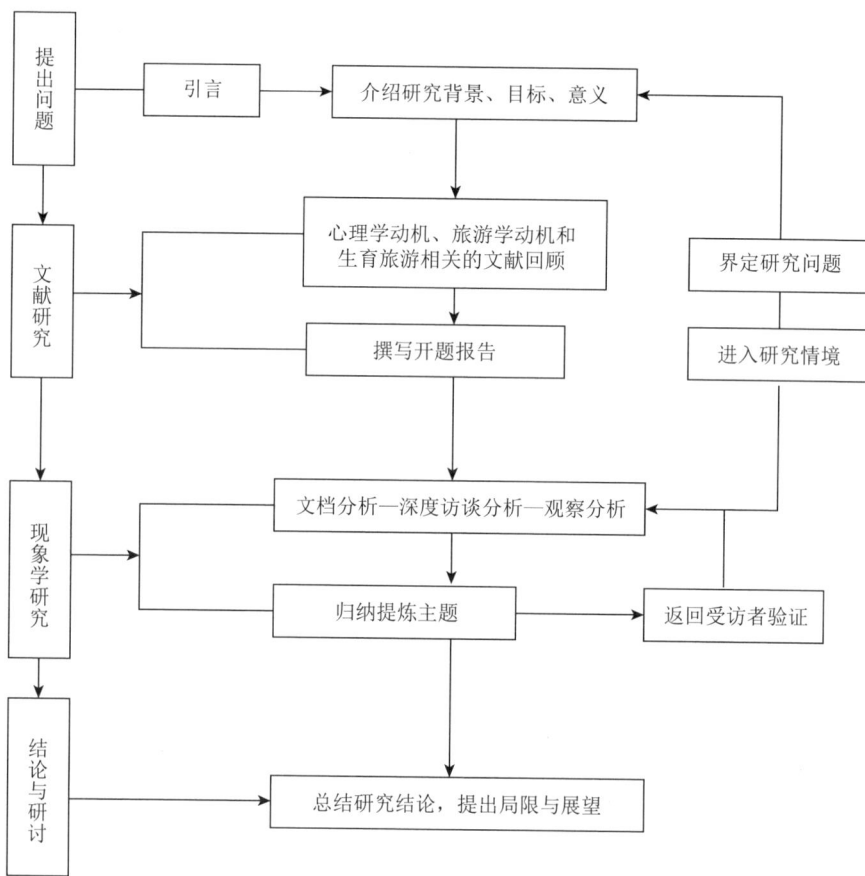

图 4-9　引自王匯通（2022）研究设计图

陈茵，某知名酒店管理公司高管，曾任多家高星级酒店总经理，工作之余，投资运营民宿。她的《拟态关系——具身体验视角下民宿生活场景景观化研究》对民宿生活场景景观化现象进行了研究，运用现象学的类属分析和情境分析方法对民宿拟态生活方式和人际关系进行分析。陈茵（2022）研究发现，在具身体验视角下，民宿拟态生活场域中的拟主、拟友、拟亲关系是混合存在相互作用的，并有可能随着人们情感的变化转换或升级，各种拟态关系综合形成了民宿生活场域中的心理场，营造了逼真性的生活场景氛围，从而使游客得以体验民宿的拟真生活方式，并为员工带来心理归属感和沉浸式的工作状态。陈茵的研究是对原有民宿研究成果上的一次创新性研究，对原有民宿研究理论及成果进行了相应补充，充分体现了旅游专业博士论文在应用研究方面的知识生产和应用。

■ 话语分析

方建伟的论文采取的研究方法是福柯的权力话语分析与批评话语分析相结合的话语分析方法。话语分析作为一门跨越多学科的交叉学科，从定性研究看，话语分析法属于内容分析法的一种，话语分析法不仅非常适合对田野调查的数据进行分析，对假设进行检验，也非常适合验证或重释数据信息。自 Zellin Harris（1952）在 Language 杂志上发表《Discourse Analysis》，此后"话语分析"这个术语逐渐被人们所熟悉，越来越多的学科把话语分析理论和方法论（方法）应用于社会、文化乃至制度过程等领域，以语言的超句结构和实际应用中的语言为研究对象，将话语的意义、权利、分配、理解过程看作是与一个更广泛的社会意义系统相联系的过程，对一切合法性问题进行探索性研究。我国的旅游学者，也曾尝试运用话语分析审视旅游重要概念。譬如，什么是"旅游"（张朝枝，林诗婷，2017）；何谓"旅游吸引物"（张进福，2021），中国学者以兼顾对言语或文本的社会性语用分析和特定时代旅游知识的挖掘与分析的需要，对旅游研究重要概念做了辨析。方建伟的论文延续着这样的学风，对"旅游凝视和真实"这组概念做了辨析。方建伟（2022）以游客凝视活动为研究对象，通过田野考察，官方文件与历史名家诗词散文等相关历史文献的收集与分析，运用权力话语分析与批评性话语分析等话语分析方法，多视角对旅游真实展开分析，揭示隐匿凝视其后的权力与话语的体系、概念生成与表达的机制，并对当代旅游的哲学基础及认识论基础作出论证，以求对有关旅游真实知识观的更深层理解，从而为学界更好地认识与理解旅游本身、进一步加强旅游哲学反思提供新的视野与有益参考，也为业界增强游客体验、更好挖掘历史文化资源提供新的思路，是一篇优秀的且具有相当学术性的好论文。

2.3 定量研究方法

定量研究（Quantitative Research）又称为量化研究，是一种"运用统计技术，考察事物量的规律性，从而把握事物性质的一种研究方法"。在本研究的样本中，有 21 篇以定量研究作为研究方法的博士论文，占比达 23.86%。定量研究方法和定性研究方法一样，是社会研究方法体系的重要组成部分。定量研究是基于对精确数据的测量与统计进行分析与研究的方法，其使用的变量（variables）是从大量研究参与对象处收集到的数量有限的信息，其着眼点在于用数量关系揭示事物的根本特征，从而使不确定的、模糊的社会现象变得相对确定和明晰。从本研究样本看，定量研究使用范围包括了对人的研究（8 篇）、组织发展（7 篇）、市场营销（3 篇）及旅游方式（1 篇），显然超出原来旅游研究使用定量方法多用于统计资料汇编和趋势预测的范畴，更注重对因果关系的解释。

笔者首先对定量研究和定性研究方法做个比较。

定量研究方式和定性研究方式之间的主要区别和特征如表 4-21、表 4-22 所示。

表 4-21　定量研究方式与定性研究方式的比较

	定量研究	定性研究
哲学基础	实证主义	人文主义
研究范式	科学范式	自然范式
逻辑过程	演绎推理	归纳推理
理论模式	理论检验	理论建构
主要目标	确定相关关系	确定因果关系
分析方法	统计分析	文字描述与解释

表 4-22　定量研究方法的特征

特征	具体表现
关注域	关注整体的、相对宏观的、相对普遍的、侧重客观事实的，特别是有关变量之间关系的问题。
研究目标	描述总体的分布、结构、趋势及其相关特征，揭示变量之间的关系，验证已有理论假设。

续表

特征	具体表现
一般程序	特点：系统性；固定性；结构性 标准程序：选题、研究设计、资料收集、资料分析，到达研究结果。
特点	便于学习和检验，同时更便于进行研究的复制。
指导思想	扩简为繁，即尽可能将复杂的社会现象通过必要的裁剪、删节、修整、简化，最终转变成为几个关键的"变量"，并以此开展研究。
相应策略	围绕经过简化且十分有限的"变量"进行研究，以达到精确、客观、普适的目的。
工具	标准化、高信度的资料收集工具：抽样、测量、问卷、量表等。 统计分析方法：描述性分析、相关分析、方差分析、列联表分析等。 统计分析软件：SPSS，SAS，STATA。
优势与缺陷	1. 保证研究结果的客观性、精确性、可靠性和可复制性。 2. 只可能形成对社会现象之间相关关系的判断，而不能形成对因果关系的判断。

（笔者根据文献资料自行整理）

从采用定量分析的 D.HTM 博士论文看，定量研究逐渐走向规范化、科学化，从描述和揭示变量之间的关联，发展至探求旅游现象间的因果解释，有几个显著特点：

■ 模型估算方法的使用渐呈多元化。从这 21 篇论文看，全部采用至少是二元变量分析。在二元分析中的列联表、方差分析、卡方检验以及多元回归及复杂方法中的因子分析、路径分析、多层线性模型、聚类分析等都在这 21 篇样本中能够看到。又如，张大治（2019）使用 KANO 模型对五星级酒店住客需求项目做了归类和排序，找出酒店客房设计中不同类型客人关注的设计指标差异。此外，还有十篇采用结构方程模型，模型估算方法的使用呈现多元化趋势。

■ 利用经典模型并有所提升。如纪菲菲（2019）在叙事传输理论基础上，以"自我参照"作为"中介变量"，对女性消费者目的地认知和目的地情感之间的中介作用做了实证研究，为旅游者目的地感知研究增加了一个重要的维度。再如，陈元（2020）以生存理论为基础研究积极老龄化与旅游动机的相关性，通过"拓展—构建"理论，确定以"积极思维"作为自变量的模型假设，再以"积极行为"作为中介变量，参与对出游动机的路径研究中。又如，郑羽蕭（2022）采用复杂的三阶段研究设计，将已有研究中变革型领导对员工亲环境行为影响的研究拓展至旅游领域，并初步建立了交易型领导与员工亲环境行为间的关联性，因此所得结论能起到深化社会交换理论、工作调节理论与资源保存理论在东方国家的应用。这些都体现了 D.HTM 知识生产的创造性。

■更具有本土研究情境元素。具有中国本土研究情境，在 D.HTM 博士论文上得到充分展现。如周宇华（2020）论文以具有中国文化特性的类亲情交换关系作为中介变量，将个人传统性与个人现代性作为调节变量，构建了家长式领导与组织公民行为的关系模型。再譬如，采用混合研究方法的李林（2019）和汪群龙（2021），他们在定量研究部分，都加入具有中国传统文化元素的变量作为调节变量。李林从中国人的传统价值文化入手，把在中国人行为意愿中起重要作用的"面子"因素引入旅游决策模型中；汪群龙以中国传统的"孝道"为调节变量，考察其作用机制，从而深刻理解老年人旅游体验及其旅游幸福感。

■定量研究数据的来源更加丰富。数据对于定量研究至关重要，除了传统的调查问卷、访谈或者面板数据等获取数据外，充分利用互联网技术，依托互联网平台获取大数据，如纪菲菲（2019）、刘志华（2020）、梁曦（2020）利用网络社交媒体上的旅游叙事文本、旅游信息做内容分析或提取数据；李少华（2019）、李煜冬（2022）利用飞猪旅游平台大数据做研究；也有利用自有的数据平台，如沈鹏（2022），就是利用水滴筹数据平台数据做研究。在旅游世界和生活世界（谢彦君，2005）之外，互联网世界也成为旅游研究的第三极。

■研究方法与时俱进。一些新的研究手段和方法用于酒店及旅游管理研究中。如采用诸如脑电图等准实验方法的新技术手段获取数据，邢宁宁（2020）和刘永生（2021）采用了如脑电图等新的辅助设备获取数据。黄自强（2021）运用"游戏＋打卡"情景设计，一方面引发研究对象参与研究兴趣，便于研究者快捷获取数据，另一方面通过游戏设计，有意识引导研究对象参与到整个研究过程中，研究对象成为研究者一部分。这些研究方法或手段，提高了数据获取的便捷性、客观性和有效性。

3. 小结

本章节笔者对 88 篇 D.HTM 博士论文做了总览，介绍了研究样本的基本情况后，从研究对象和研究方法两个方面对研究文本的内容进行了分析。

旅游研究的发展，随着新课题的发现则需要新的选题视角和方法论（Dann et al.，1988）。在应用背景下创造的知识显然与传统的知识生产方式有很大不同（Costley & Armsby，2007），酒店及旅游管理作为一个独特的实践和研究领域逐渐出现（Lester & Costley，2010），知识生产从追求学术卓越向寻求实践问题解决的转移。

3.1 选题视角、研究问题和研究方法

D.HTM 博士论文选题视角呈现多元化态势。有研究儿童旅游的、有研究研学的、有研究真实性的、有研究体验感的、有研究旅游教育的、有研究互联网技术应用的，有研究工业旅游的、有研究文化旅游的、有研究旅游可持续性发展的、有研究旅游法律/政策的，有研究乡村旅游振兴的，还有的将研究视角转向境外（台湾）酒店创新和跨境旅游政策（中俄跨境旅游）等。D.HTM 专业博士基于工作或旅游研究实际环境下的选题视角，本质上是由实践者驱动的，并位于一个特定的背景下，而不是在一个学术学科或专业领域，其源于研究者（D.HTM 专业博士）的专业背景，过去的经验和当前关注的焦点，彰显在应用研究领域的具体实践。

笔者非常欣赏的是，研究者将研究的目光投向了"少数"群体。如研究了汉族群中的少数群落的族群认同、研究了生育旅游的动机、研究了"性少数"群体的身体认同和旅游具身体验。

在原有的生活世界、旅游世界之外的网络世界，成为旅游研究新的视角。生活世界、旅游世界、网络世界三者之间的互动关系，是相互影响、相互作用、相互渗透，同时也带来了新的研究视域。旅游研究视角的延伸，值得旅游研究者关注。

一个成熟的方法体系，代表了该学科的成熟度，决定了学科的研究视野与理论深度，更为学科发展指明方向。从研究方法看，纯定性研究在 D.HTM 博士论文中出现较高比例，显示了定性研究在旅游研究中的活力，且定性研究文

本的论文质量较高，D.HTM博士们充分运用了社会学、人类学的研究成果或研究手段、经验，在旅游研究田野里另发新枝。旅游话语分析是对现有旅游研究视角的有力补充，已成为国外旅游研究的有效范式（赵德芳，2018），并为D.HTM酒店及旅游管理专业博士所运用，分析旅游话语生产和消费的机制、过程、规律和特点，从而指导旅游实践。

混合研究依旧是最主要的研究方法。可喜的是在数据分析中，在具体的研究实践中，增加了如"面子""孝道""类亲属关系"等具有强烈中国文化特质的变量和本土化研究情境的元素。量化研究无论从数据分析方法、数据来源、理论模型借鉴和改进，都呈现了规范化、科学化、创新化的趋势。案例研究地深深扎根于"中国大地"，践行论文写作服务人民群众的宗旨。

从研究问题看，关注游客的体验感、幸福感成为重要的研究内容。国家认同在特定的历史节点呈现出研究的热点。儿童及家庭旅游动机也是热门的研究课题。在88篇论文中，研究问题的多样性、多元化彰显了D.HTM这一学术共同体生生的活力。

研究问题和研究方法，体现在研究范式的转移。从本次研究样本看，有实证主义范式、社会达尔文范式（如王匯通）、冲突范式（如向科衡）、符号互动主义（如张文成）、女性主义范式（如纪菲菲）、旅游地理的空间转向（如周春林、王娟）、旅游社会学的批判范式（如方建伟），是后现代主义思潮在旅游学中的具体反映。

3.2 多学科跨学科理论支撑

旅游学科具有极强的综合性，这与旅游现象本身的复杂性紧密相关。从理论支撑看，旅游学属于应用型学科，其知识产生路径来源于实践推动（陈才 et al.，2007）。有价值的知识需要在实践得以检验（谢彦君，李淼，2017）。虽然旅游业是一个跨越许多学科的复杂现象，但研究人员倾向于从他们所接受培训的主要学科的特定边界内进行旅游研究（Echtner & Jamal，1997）。旅游研究在方法论和具体方法上的多元化、跨学科特点，恰好体现出旅游现象本身对于人们的心理、生理、文化、社会、经济、政治等多个实存领域的真实生活体验的全面渗透（吴必虎，张骁鸣，2016）。

从本研究88篇样本看，主要涉及的学科包括管理学、经济学、人类学、心理学、教育学、人文地理学以及法律等多学科知识，这些知识应用的实践意义之于实践工作，在于理论给予实践以较高的理论支撑。从本研究样本看，论文观点支撑的原理论包括领导理论、管理学基本原理、组织行为学、教育学基础理论等。近年来被旅游研究者常常引用的动机理论、场域理论、时空行为理论、体验与真实性、认同理论等成为酒店及旅游管理专业博士论文中出现频率较高的支持理论。笔者将生存理论、生命周期理论、空间生产理论、外部性理论等，归纳到可持续发展理论中，是因为这些原理为旅游可持续发展注入了应有的理性思考，成为关注旅游可持续发展重要的理论基础。D.HTM 博士论文研究中运用的理论，体现了旅游学科的多学科性和跨学科性。创新、社会网络、社会资本、体验、真实性、价值共创、利益相关者、幸福感等在旅游研究具体实践中赋予了新的生命力，是本研究样本中最主要的理论支撑（见图 4-10）。

社会学（sociology）就是对社会行为和人类群体的科学研究。社会学在旅游研究中的应用，是用一种批判性思维来理解社会行为，在本研究样本中有突出的研究成果。金浏河（2018）运用文化人类学；张文成（2020）运用旅游人类学；王匯通（2022）、向科衡（2022）运用社会学思维研究旅游特殊群体；孙艳（2019）、纪菲菲（2019）、陈茵（2022）、冯晓虹（2020）等用社会学的研究方法进行具体研究实践。我们有必要像社会学家一样思考，意识到个体（旅游者）与当下以及过去或者未来广阔的旅游社会和网络社会间的关系，尤其需要社会学的想象力（sociological imagination）。这种认识，能够使我们所有人（不仅仅是社会学家）去理解我们自身所处的即时的生活世界、旅游世界和网络世界，这"三极"世界与我们密切相关并在塑造着、影响着我们每一个人。

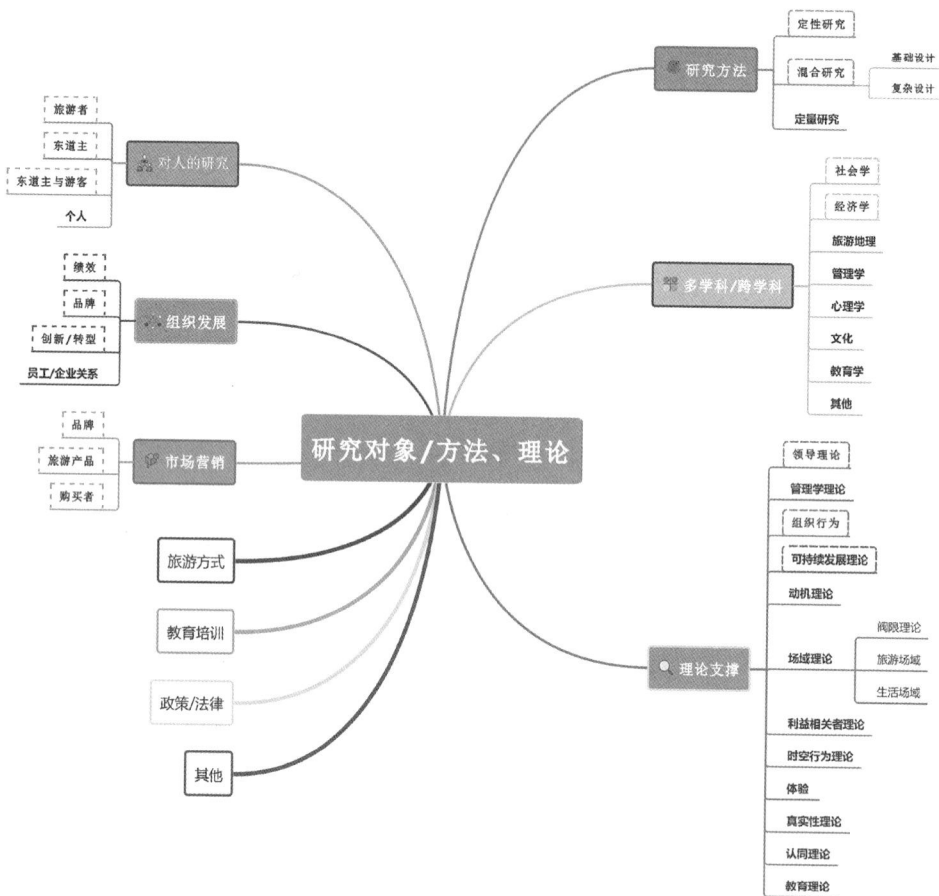

图 4-10　D.HTM 博士论文研究对象、研究方法及支持理论（2016—2022 年）

Part 5

第五章　见微知著

中国旅游研究正经历着代际转向、学科转向和方法转向，构建旅游哲学显得愈加迫切（保继刚，2017）。哲学是人类思维的最高形态，站在哲学层面对 D.HTM 酒店及旅游管理专业博士论文知识生产路径和应用意义所进行的研究，不仅是对专业博士培养做一次概览式的回顾，还是对旅游学科在旅游领域的理论、概念和方法上变化趋势的了解与反思（Canosa et al.，2018），为评价旅游学科最新研究水平和预测知识趋势提供了独特的视角（Ying & Xiao，2011），更是回应了当前国内学界有识者屡屡呼吁尽快改观当前旅游哲学精神缺失的基本现实（曹诗图，2013；赖坤，2016）。

通过对旅游现象分析最重要的哲学用途可以说正在于以它来讨论酒店及旅游业知识基础的结构，从而证明观察陈述。这种证明带有根本性质，整个知识的上层建筑都建立在这种证明之上。[①]

旅游业通常被认为是一个跨学科的学术研究领域（Leiper & Ltd，1981），D.HTM 其学术思维的形成过程中受到了旅游学科的训练，也接受了多元学科的知识普及，应用来自不同学科的概念和方法，从而有助于形成一个旅游知识体系（Jafari & Aaser，1988），通过这样的概览得以见微知著，是对旅游现象之本质、规律及意义等深层的认识、追问与反思，无论是在促进旅游业可持续发展，还是在完善旅游学科发展，乃至在促进人类社会文明进步方面都有重大意义。

---

① 引用了希尔"对现象学分析的评论"。见《现代知识论》，中国人民大学出版社，1989。

1. 酒店及旅游管理的知识观

众所周知，没有自己的知识体系就不会有话语权，学科的话语权很大程度上表现在对知识观的认知。

任何特定领域的知识体系都是以广泛和严格的研究为基础，旅游学科也不例外。对旅游学科的知识生产路径和应用意义的研究，必须与时代精神、哲学背景、学科逻辑基础等现实条件结合起来，不同的旅游理论背后事实上反映了研究者的某种哲学或本体论立场（保继刚，2014），因此，若想对酒店及旅游管理有个全面的、真实的、具体的了解，恐怕需要从认识论（知识论）及其方法论中来寻找答案。

从本研究 88 篇样本看，酒店及旅游管理专业博士的论文更倾向于"问题导向"，以研究旅游现象呈现出来的重要问题为出发点，既习惯运用母学科视角来研究与分析旅游现象，又能根据研究需要，采用不同学科的研究范式与方法阐释研究问题。如果说，第四章主要是对 2016—2022 年 88 篇 D.HTM 酒店及旅游管理专业博士论文从研究对象和研究方法两个层面做了总体性概览，那么本章节则希望聚焦本研究的核心问题和研究目标，探究酒店及旅游管理专业博士论文的知识生产路径和知识应用的意义。

在回答酒店及旅游业知识生产路径和知识应用意义这个问题之前，难免需要首先回答，什么是旅游？旅游是门科学吗？

什么是旅游？这个问题由来已久，并且一直困扰着旅游学者。对旅游下个准确的、恰当的定义似乎并不容易。诚如 Smith（2000）指出，旅游一词的概念是多义的，如何对旅游下定义，取决于学者研究的需要和研究的角度。旅游中的概念几乎都不特属于旅游研究，它们都是在别处产生的，只是被情境化或延伸到了一个旅游的维度（Tribe，1999），这就导致了什么是旅游的问题还未能获得满意的答案［Aramberri & 谢彦君（译），2003］，因此审视旅游知识生产过程及应用意义，并更缜密地思考旅游学科知识观显得尤为重要。

我们可以看到旅游现象的不断发展吸引了越来越多的学者参与到什么是旅游，即旅游本质是什么的讨论中。学者分别从哲学、社会学、人类学、美学、文化学等多个视角探讨旅游的本质，形成了系列旅游本体论学说，如旅游体验说（谢彦君，2010）、旅游非惯常环境说（张凌云，2009）、诗意的栖息说（杨振之，谢辉基，2017）和游历说（吴必虎，黄珊蕙，钟栎娜，谢冶凤，2022）。旅游研究站在旅游哲学思考的语境下（谢彦君，2010），扬起了哲学思考的翅膀（谢彦君，孙佼佼，2016），从哲学中汲取营养，既立足于现实的旅游问题，又指向旅游研究的根本理论（张清源，叶超，2022）。不同学者根据自身的理解和研究的侧重点给出了不同的旅游本体说法。肖洪根从社会科学的传统出发（肖洪根，2005），指出中国旅游哲学研究应有的方向（曹诗图，曹国新，邓苏，2011），这些深入的思考引领着旅游本体论思辨逐渐走向成熟。

旅游是门科学吗？以笛卡尔、康德和黑格尔所代表的现代知识观，将客观性、普遍性、必然性、确定性视为知识的属性，并呈现出基础主义的特征，追求以"我思"、范畴等某种绝对的东西作为知识确定的、不变的基础。这种绝对论的知识观下看旅游学科，显然无法解答旅游特有的繁复且极具个性化的现象以及该现象所指示的具体问题。

"不以某种方式与直觉相连的概念，便不能产生知识；不以某种方式与概念相连的直觉，亦不能产生知识"［康德 & 邓晓芒（译），2016］，与自然学科不同，旅游学科（人文科学）的认识方法应是"理解"（understand），重在把握现象隐喻的事件的具体意义及其蕴含的价值，故而，旅游学科研究的目的是参与对社会意义的解释，而不仅是寻找科学真理。解释学对后现代的各种知识观而言具有重要意义［克利福德·格尔茨 & 韩莉（译），2014］。尽管旅游学科面临诸多亟待解决的问题，如未形成独特鲜明的学科逻辑与框架，旅游基础理论缺乏，知识外溢与原创不明显等，但旅游学的科学性毋庸置疑。旅游学研究的目的是参与对社会意义的解释，而不仅是寻找科学真理，更偏重对于人类社会或个体的解读和思考。

随着旅游研究知识的快速增长和互联网的广泛传播推动的信息爆炸，对旅游业的可持续性和成功至关重要。旅游知识观可以从五个不同的角度进行考察：（1）旅游知识；（2）其结构；（3）其过程；（4）学科差异；（5）信息和通信技术的促进或促进作用（Xiao，2006）。

康德在《纯粹理性批判》对知识进行了深入考察，进一步区分了知识的生成与开端问题［康德 & 邓晓芒（译），2016］，康德重建形而上学的路径就是通过划界来区分开知识领域和实践领域（车辕，2019）。康德认为知识是人类同时透过感官与理性得到的，直接为主体性（人）做出在纯粹理性与实践理性能力上的肯定。对此，康德基本上给出了一个较为详细的知识图谱，即先是对象刺激认识，而后形成表象，进而知性对表象进行联结或分离。

康德给出的知识图谱，昭示了知识生产有两条路径：其一，是社会实践；其二，是科学研究（张康之，2018），具体到酒店及旅游管理专业博士论文知识生产之路径，首先来源于实践推动（陈才 et al.，2007），扎根于中国本土化情境下的酒店及旅游管理具体实践所做的研究，即审视现象（审视中国旅游发展中的重要现象）—发现问题（识别重要的研究问题）—概念化与操作化（发展关键概念与开发测量工具）—理论化（识别核心概念的前因、后果并验证关系）。在理论层面上，D.HTM 博士论文向内试图解决共同的学术问题，贡献理论、建立思想，在理论研究方面，既有基于旅游现象和旅游概念的理论建构与验证，也有基于经典理论的拓展研究；此外还借助多学科和新技术带来技术进步或技术促进下的旅游研究，体现了技术促进或促进作用。在实践层面上，通过解决问题、服务社会，最终形成了可被借鉴被利用被汲取营养的知识体系。具体而言，从本研究样本看，D.HTM 酒店及旅游管理专业博士论文知识生产包括：

■基于旅游现象的理论构建与验证研究（旅游知识及其结构）。将旅游现象作为一个社会科学的门类加以研究，是社会学科优秀的传统，有助于我们揭示现实背后的本质，基于对旅游现象的理论建构或验证的研究，有助于帮助我们认识旅游知识发展状况和现有结构。

■针对旅游概念与理论的构建研究（其过程）。概念与理论的建构，体现了旅游研究中理论发展从描述现象、提出问题到寻找规律（张凌云，2022)的过程，酒店及旅游业研究者们更多地从旅游现象的社会、文化等综合属性看旅游知识的生产，充分反映在旅游研究的知识创造上。

■本国化的研究情境。本国化的研究情境是指基于经典理论的拓展研究，具有实证性的特征，在不同旅游情境验证或拓展原有理论，体现了本土化及学科差异。我国酒店及旅游实践带来的广袤的研究田野，为经典理论在本国化具体实践带来了丰厚的研究素材，凸显了旅游研究的应用性、实践性和行业属性。

■技术促进或促进作用带来的变化。基于其他学科理论与技术来开展旅游研究，技术性特征明显。如借鉴大数据、实验法等研究手段或工具，旨在通过多元数据更科学更全面地分析旅游问题。旅游研究的视角、研究的对象、研究的方法和可运用的研究技术手段越来越丰富，促进了旅游研究的知识生产。

旅游作为一个普遍的社会现象，旅游科学既有康德所说的"规律性"，探究"为什么"因果联系的必然，又有"道德律"，解决"是什么"的意识。追求"美好生活"是旅游的目标（Tribe，1999），美好生活与其说是个人的完美，不如说是走向美好社会的人类共同理念。旅游活动是人类本能中为了横向延长生命所选择的一种生活方式，对旅游知识应用意义的探究显得与其他学科有不一般的意义。旅游是最能触及大众日常生活的产业，涉及超过14亿的国际游客，全世界十分之一的就业人口。试想如果旅游研究能切实地改善偏远地区居民的生活，减少游客对自然环境的破坏，创造更多的就业与收入，传承和保护人类文化遗产，改善现代人普遍存在的焦虑情绪，增加国家间的理解与团结。我们可以自豪地说，旅游改变了世界。

旅游学科的独特魅力在于认识世界和理解世界与其他学科差异性视角上。已有研究人员反思了他们的理论或研究知识与实践的相关性（MacKay & Fesenmaier，1997；Thomas，Shaw，& Page，2011），因此本研究对知识生产路径之科学研究部分，特别强调在研究中找回"中国元素"。伴随着全球经济一体化的进程，情景化、本土化研究日益繁荣（关鑫，郭斌，陈彦亮，2012）。Ven（2018）将本土化研究定义为：使用本地语言、对象和有意义的构念，对本地现象进行科学的研究，是建立或测试可以解释和预测当地社会和文化情境中现象的理论（李想，陈刚华，2019）。本研究选取的样本中，不乏从中国文化独特的视角、中国人独有的看问题的方式去解释中国旅游发展中出现的现象与问题，将这些论文的研究方法、过程或结论列入了理论创新这一部分。对知识应用的意义则从研究样本的88篇论文中"现实背景""理论背景""理论贡献""实践意义"等内容做具体剖析。笔者希望通过这样的研究，能够"见微知著"，窥一斑而见全豹，对酒店及旅游管理专业博士这一独具特色的学术共同体的知识生产路径和应用意义有更深度的认知和反思。

2. D.HTM 博士论文知识生产路径

"博士生教育不仅是教育体系的一个部分，更是知识生产体系的重要环节"（陈洪捷，2010），D.HTM知识生产路径尽管是围绕着科学研究和社会实践进行，但其知识生产更多的是置身于酒店及旅游应用的语境中，即研究问题源于实践（见图5-1）；正因为酒店及旅游管理专业博士知识生产更多的是源于实际问题，知识生产的场所和研究者呈现出"社会弥散"（socially distributed knowledge）和"异质性"的特征。D.HTM学员来自不同行业、不同学科背景、不同年龄层次、不同工作阅历和人生感悟，是异质性很强的知识生产团队，呈现出对研究问题的定义、对研究结果阐释、对研究方法选择，甚至对研究优先次序的设置上，都具有多元化、个性化、特质性，D.HTM酒店及旅游管理专业博士的知识生产呈现独特的理论结构、研究方法和实践模式。

笔者从科学研究和社会实践两个方面，具体阐述酒店及旅游管理专业博士论文知识生产之路径。

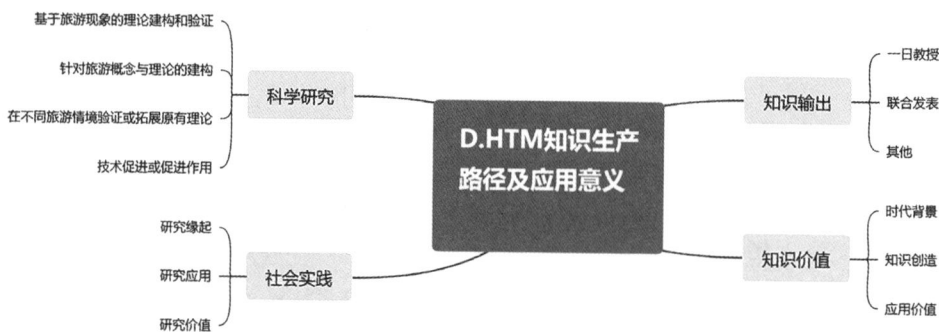

图5-1 D.HTM知识生产路径及应用意义示意

2.1 D.HTM 博士论文的科学研究

2.1.1 基于旅游现象的理论建构与验证

旅游作为一种社会现象，嵌入特定的社会经济文化政治系统中，我们不能孤立割裂地就旅游来看旅游，而应整体地（holistic）看待旅游现象。将旅游现象作为一个社会科学的门类加以研究，可以追溯到20世纪20年代，距今已百年历史。对旅游现象的理论建构与验证其根本要义是从根本上解释旅游现象是怎样发生的、它的形态、结构和性质，从而揭示这个现象的实质（申葆嘉，1999）。对旅游现象的理论建构与验证，是对求知主体的客观化，把求知主体作为对象，承认知识是涉及主体的一种建构，反思旅游知识生产活动的主体（自我）及其背后所依赖的价值、假设、实践，并检讨旅游知识生产的各种创新。

从本研究样本看，旅游作为一个普遍的社会文化现象，繁复多彩，呈现出旅游者更加关注体验感受、旅游决策更加多元、旅游方式多元化及新的旅游方式出现，酒店业步入微利存量发展周期，酒店用工矛盾更加凸显；在环保、扶贫、乡村振兴、非遗保护、文旅融合等大背景下，可持续发展依然是旅游业永恒的主题。

■ 更加关注体验

透过现象看本质，旅游的本质无非是异地的身心自由体验（曹诗图 et al.，2011），基于消费意义的"体验观"（the experience view）由此受到学界的关注（赵思涵，胡传东，罗兹柏，张瑛，2021）。因此，对"体验"的理论建构与验证是 D.HTM 论文非常重要的主题。对旅游社会学研究中的本质主义与后现代主义的批判是新理性主义建构论和旅游社会学研究立论的重要基础（曹国新，2007），"体验观"强调消费的象征、享乐以及审美价值，将消费看作是意识的主观形态，认为消费者并不总是一个理性的"逻辑思考者"，而是经常以展现各种心理活动作为首要过程的"情感冲动者"，旅游体验从单纯的"食、住、行、游、购、娱"转向情感满足、群体归属、价值认同等社会性需求，实现旅游者个人与社会的双重建构。如向科衡对性少数旅游群体的身份认同与具体体验研究看，性少数的情感满足、群体归属、价值认同是个人与社会双重建构并互相影响；陈茵的拟主、拟友、拟亲关系，建构了民宿经营者与游客体验间关系。

情感满足最直接的呈现是"幸福"。

幸福是哲学范畴的概念。关于幸福的研究起源于古希腊，古希腊语的幸福是指神或命运对某人的偏爱。伊壁鸠鲁认为人生的目的就是追求快乐和幸福，每一种快乐都是善，人们想要的快乐应存在于真实的生活中，通过自由选择和自主追求而获得的情感。旅游活动脱离惯常的生活，带来诗意的栖息，其所具有的文化属性和社会化特征为游客带来了身心涵养情感的满足和升华。追求"幸福"成为旅游发展的灵魂和最高规则，成为旅游理论建构的立足点和核心内涵之一（马波，2017）。

譬如，黄惠（2020）以旅游特色小镇为案例地，以游客和员工为研究主体，探索了互动体验、游客旅游幸福感及忠诚之间的关系，构建了互动体验的概念内涵和测量，验证了互动体验、游客旅游幸福感和忠诚的影响关系。李文举（2021）构建了民宿经营者主观幸福感的关系模型，开发了经营者主观幸福感量表，并对民宿经营者的主观幸福感进行了实证研究。罗建基（2022）探讨了博物馆讲解志愿者深度休闲、社会资本与幸福感之间关系，引入了社会资本为中介变量，验证了博物馆讲解志愿者深度休闲特质不仅对其幸福感、社会资本具有正向影响，社会资本还对其幸福感产生正向影响。

特殊群体的情感满足得到研究者的关照。

譬如，针对老年群体旅游者，陈元（2020）构建了旅游环境下积极老龄化对出游动机影响的路径模型，检验了老年群体旅游中出游频次、出游形式、收入、学历及年龄对积极老龄化的差异化影响，并对有效样本数据进行了实证分析；汪群龙（2021）构建了老年人旅游体验、旅游代际互动的结构维度和旅游幸福感评价体系，探究了老年人旅游体验、旅游代际互动和旅游幸福感三者之间的关系，以及孝道的作用机制。徐菱苓（2022）从满足退休老年人精神需求的角度来揭示旅游情感体验与提升退休老年人生活质量的关系。再如，儿童作为独立的旅游个体逐渐开始参与到与成长发展相关的旅游活动中并扮演着重要角色。冯晓虹（2020）将儿童作为旅游者来理解儿童消费者社会化，构建了一个以家庭作为重要社会化中介的概念模型，阐述了旅游感知年龄、产品知识、旅游依恋和家庭依恋风格在消费者社会化中的作用。夏丹琦（2022）的研究，从儿童社会化的视角，构建了研学旅游儿童学习行为和学习效果的理论框架并予以验证。吴复爱（2022）的研究探寻的是儿童及家庭在旅游过程中的幸福感；邢宁宁（2019）的研究是通过情绪效价实验，验证了情绪效价及趋近—回避理论对儿童的适用性；茅矛（2022）的论文丰富了中国环境下儿童对奢侈酒店家庭消费行为的影响的研究成果。

情感满足的基础是"真实"。

旅游是现代人们寻求"真实性"的一种仪式（MacCannell，1973），原真性已然成为旅游学的核心概念之一（陈宇斌，翁时秀，2018），寻求真实性体验才能满足旅游者的期待（朱健刚，2012）。旅游学者借用真实性这一哲学概念分析现代旅游现象，揭示的恰恰是这一现象后隐藏的深刻的社会现实（马凌，2007）。钟斐、陈茵、江焰、金浏河、张文成、方建伟对旅游体验呈现的真实做了诠释，验证了旅游者是从自己的角度诠释所谓的真实（邹统钎，吴丽云，2003），对真实性的衡量几乎取决于旅游者个人（Bujdosó et al.，2015）。以游客的旅游需求为出发点，对真实性话题的研究将一直延续（白杨，2006）。

群体归属，源于价值共同的"认同"。

张文成（2022）首次对汉族群中的少数群落身份认同在社会结构、象征理性和实践理性三个层面做了理论建构，蟳蜅女的族群认同具有文化意义和社会实践意义，为非物质文化遗产保护寻找到内生路径；汤宁滔（2019）的研究验证了旅游体验是国家认同的建构来源之一；孙艳（2019）的论文再现了海外移民返乡旅游中家庭集体记忆和国家认同的建构过程。这些研究不仅丰富了认同理论的研究和深化，还为群体归属提供了社会文化上的解释，丰富了认同理论。

群体归属，集中体现在社群的圈层。

圈层的形成意味着社会价值的认同。譬如品牌社群作为维护消费者与品牌关系的重要方式，是近几年品牌管理和消费行为研究的热点话题。陈素霞的论文以酒店业社群作为研究场景，以社群内消费者为研究主体，探讨社群圈层消费者间互动对酒店消费体验的影响。刘巍则选取中国工商银行浙江省分行推出的工商银行白金尊享 App 下的品牌社群作为研究对象，探索虚拟社会资本对品牌推崇的影响。这两篇论文的选题视角、研究对象显示了旅游研究已经敏锐地看到了社群经济对旅游的影响。此外，张大治（2019）、陈静（2019）、郭志刚（2019）的论文，不约而同地验证了通过引入服务设计的视角，探索体验经济背景下品牌社群服务的优化方法。社会内部的关系本身是知识转移的必要但不充分的条件，社群圈层通过社群进行无障碍、自由的交流，从而促使社群就像生态系统一样自行运转，使社群内成员获得各自需求进而实现价值。

■ 网络对旅游决策的影响

旅游决策更加多元化和个性化。

旅游业在互联网上占据了一个虚拟空间，塑造了人们对目的地的看法和期望（Ryan，2018），为旅游决策提供新的途径，旅游决策更加多元化和个性化。纪菲菲的论文，以女性消费者为研究对象，探究了社交媒体如何以叙事传输的方式说服和作用于女性消费者，影响其对目的地的认知和情感；李林（2019）将信息技术因素和面子文化因素融入旅游意愿的研究，构建了社交网络情境下中国人的旅游意愿研究模型；这些 D.HTM 论文表明，互联网为代表的信息技术逐步渗透至旅游活动的每个领域、环节，旅游与信息科学融合发展，成为旅游研究的全新、重要的研究领域。

在社交媒体上共享信息的感知易用性和享受性（Zhou & Xue，2021），使旅游者能够快速、方便地搜寻旅游信息以及分享他们的旅游体验，扩大了旅游和旅游业的社会影响范围（Zeng & Gerritsen，2014），在社交媒体网站上共享信息被认为是一个可能影响潜在旅行者的旅行决策的重要信息来源（Kang & Schuett，2013）。刘志华的论文以"自助游"游客作为研究对象，从旅游信息价值的视角切入构建旅游信息价值对"自助游"游客消费决策质量影响的理论模型。陈素霞（2021）从消费者参与和消费者体验价值相结合的视角，以酒店业社群作为研究场景，以社群内消费者的旅游者行为、旅游动机、旅游体验为研究主体，探讨了社交媒体及网络相信对消费者行为和体验建构的影响。

平台经济成为互联网经济下重要的经济载体。

李少华（2019），聚焦 C2B 产品创新的战略实施与创新扩散机制，建构基于大数据的 C2B 产品创新扩散模型与测量量表体系，该论文既是走向 C2B 模式的未来智能商业在平台生态和旅游行业的深入探索，也是智能战略理论的产业实践。李煜冬（2022）探索以品牌旗舰店为例的互联网平台差异化产品对酒店品牌资产的影响，以及消费者感知价值和品牌信任的中介作用，填补了互联网平台差异化产品在酒店行业的研究空白，并从消费者角度构建了互联网平台产品的差异化属性、维度和测量指标。

平台经济对用户行为影响和演化也成为 D.HTM 研究的课题，丰富了旅游研究的内容。沈鹏（2022）的论文探究了互联网背景下个人慈善捐赠行为的影响因素和影响机制；李征（2019）提供了我国旅游业发展互联网金融的对策建议；刘巍（2018）的论文探究的是平台经济的社群下影响品牌推崇的理论逻辑，验证了虚拟社会资本对品牌推崇的作用机制。互联网下的平台经济对旅游的影响和作用是未来旅游研究的重要课题。

■ 旅游方式更加多元及富有个性化

旅游方式多元化下的理论建构呈现以下几个特点。

其一，点多面广。从社会实践方面看，涉及了影视旅游与旅游者行为关系，探讨了影视旅游对旅游经济的影响（葛继宏，2016）；对工业遗产旅游绿色开发策略（郑溯，2017）和工业遗产旅游需求影响因素（王其，2018）的研究，探讨的是工业遗产旅游开发策略；对葡萄酒出境旅游（杨双双，2019）和生育旅游（王匯通，2022）的研究，是对特殊兴趣旅游现象做了前沿性探索性研究；研学旅行成为出游的重要方式，研学旅行独有的"旅游＋教育"功能属性，也成为酒店及旅游管理专业博士研究实践的主要涉足点。付卉（2020）对短期海外研学体验做了探讨；卢雪英（2021）则从研究旅游目的地的服务创新和价值共创角度，对研学旅游现象做了研究。对价值共创的研究也是新的研究热点，除了卢雪英对研学旅游目的地服务创新与价值共创行为做了研究，秦晓利（2021）则研究了家庭度假体验与度假酒店价值共创行为。

其二，独具匠心。从理论创新看，王其（2018）首次将"推—拉"理论用于工业遗产旅游需求分析中，开发了中国工业遗产旅游需求与影响因素量表；从研究方法看，冯晓虹（2020）的研究特别强调儿童（研究对象）的全过程参与、自主性体现和平等性地位，使得儿童从研究对象转换成为研究共同参与者，拓展了儿童消费者社会化理论模型；从研究对象看，杨双双（2019）的研究拓展了 MGB 理论在特殊兴趣旅游领域适用范围，弥补了中国葡萄酒出境游研究空白；卢雪英（2021）的研究构建了研学旅行服务创新和价值共创实现机制模型；王匯通（2022）的研究揭示了生育旅游现象最根本的动机是内在动机。这些研究都体现了研究者独具匠心的研究视角、方法和研究成果。

其三，个性突出。吴巧凌（2020）是具有 30 多年从业经验的旅游业界资深从业者，其基于自身从业经验和研究兴趣，在论文中运用自我民族志的研究方法具有天然的优势，将研究者个人和文化紧密联系起来融入研究的情境中，通过自我的认知、反思，及对他人的观察，加深对研究问题的解读，也有助于促进跨学科研究。这样"情境式"研究方法，个性凸显，让读者容易进入到研究者研究情境中，仿若随着研究者笔触，就昆曲活化保存娓娓道来而渐入佳境。葛继宏（2016）的研究也带有其深深的从业烙印，多年的影视媒体从业经验，使得他对影视旅游经济洞若观火，就影视旅游带动旅游目的地营销和旅游经济的论述显得井井有条又言之凿凿。

■ 住宿业之"变局"

在本研究涉及的 88 篇 D.HTM 毕业论文样本中，共有 34 篇论文研究对象与酒店、民宿等住宿业相关。研究问题聚焦于变局之下的酒店住宿业发展。

首先，从旅游教育方面，思考未来旅游及酒店管理专业该如何应对变局。识变、求变、应变，从道与术两方面寻求突破。汪京强（2018）建构了中国旅游高等教育实践教学体系，并结合实际教学过程中的实践教学模式而开展了实证研究，呈现了一个基于实践导向的旅游实践教学体系结构。于世春建构了专业选择意愿概念和专业选择影响因素模型，从专业选择意愿、专业认同和家庭资本视角阐述了 HTM 学生行业就业率低的原因并提出了具体的解决方案，对学生提高专业选择决策的科学性、提高高校招生宣传效果和人才培养效果、提高学生行业就业率有一定的参考意义。数字化的在线学习方式已成为人们接受教育的新途径，姜国华（2019）以旅游在线教育用户为研究对象，构建了旅游在线教育用户持续使用意向的分析模型，对提升旅游在线教育用户的持续使用意向具有重要的现实意义。

其次，就破解酒店"难"之困境，提出了自己的主张。王培来（2019）基于工作价值观视角，对酒店新生代员工职业嵌入结构及内涵做了研究，不仅填补了有关新生代员工在特定行业中留职动力的理论研究，还为酒店行业采取有效措施留住新生代员工提供了十条建议；方向红（2020）、赵莉敏（2021）则从酒店培训角度提出了适合行业发展的见解。方向红（2020）构建了"95后"员工职业发展需求的培训模式，创造出新的培训模式以适应"95后"员工的职业发展需求。赵莉敏（2021）构建了以目标导向为中介变量的酒店培训对组织承诺的影响机制模型，深入挖掘并明晰了培训对酒店的价值和意义。周宇华、陈镇、张晓华是从"领导力"角度破解酒店"难"。家族式领导、精神型领导、谦逊型领导为酒店领导/管理者如何促进员工用心服务提供了管理上的启示，并对于中国情境下酒店的管理实践提供了本土化的解决方案。刘晓风（2020）

构建了高管品牌识别对酒店绩效跨层次的影响机制模型，全面探讨了五星级酒店品牌内化的内在机制；金建江（2022）建构并验证了基于社会交换的特许业主满意度机制模型；郭志刚（2019）开发设计了酒店顾客体验测量量表，构建了顾客体验对酒店品牌忠诚的影响模型。这些 D.HTM 博士论文是对现有住宿业研究有益的拓展和补充。

最后，创新发展是破局之本。知识型经济的特点是创新，创新从根本上与新知识有关，成为知识管理重要内容（L. G. A. Beesley & Cooper，2008）。陈耀（2019）的服务创新、杨永彪（2019）的数字化转型、王亮（2019）的酒店信息化和科技创新为中国酒店业发展提供了具有实践指导意义的解决方案。林家颉（2019）是以台湾地区酒店业为例，探究不同创新类型酒店的动态能力、组织创新对瞬时竞争优势的影响关系，表明酒店的组织创新在动态能力与瞬时竞争优势之间有显著的中介效果，为中国酒店业发展提供了有价值的参照。

此外，戴梦华（2020）构建了国际品牌酒店在中国大陆地区的风险防范联动机制；余文罡（2018）以国内 A 股上市酒店为研究对象，对股权结构（股权性质、股权集中度和股权制衡度）与经营绩效之间的关系进行定量检验，并通过定性研究对其内在关系的作用机制进行深度解释；李征（2019）则对我国旅游业发展互联网金融提出了针对性的对策建议。这些同样体现了酒店及旅游管理专业博士在知识生产方面的价值和贡献。

■ 可持续性发展

可持续旅游业已成为旅游业发展的主导范式（Ruhanen，Weiler，Moyle，& McLennan，2015），对可持续性问题进行研究是旅游博士生研究的重要趋势（Carr & Hayes，2017），已然是旅游业高质量发展的新议程（张凌云，2023）。

从本研究选取的 88 篇样本看，不仅有案例研究，还有实证性研究，更难得的是对可持续性旅游发展的理论和前沿研究课题做了初步的探讨。

郑溯（2017）构建了"目标共识—环境建模—计划制定—监控执行—反馈调整"五阶段工业遗产绿色开发行动的行动策略过程模型，就工业遗产保护与开发，实现绿色可持续的多元价值效应提供了实证案例。王娟（2021）从皖南旅游区旅游空间结构演变过程中归纳出旅游空间格局效应，探寻效应的影响机理，进而提出空间结构优化策略；马有明（2018）以云南省香格里拉普达措国家公园为例，构建了旅游者对国家公园品牌形象的感知模型，对我国国家公园品牌、旅游目的地品牌权益研究具有一定的理论和实践意义；齐炜（2019）在乡村振兴的大背景下，探寻了传统村落保护的重点和终极旅游价值，力图实现传统村落的"复活、活泼和鲜活"的可持续性发展；梁曦（2020）就如何实现游客体验价值和企业品牌价值的并轨做了实证研究，为工业企业发展工业旅游提供了新的思路和策略。

网络分析在旅游研究中作为一种理论和一种方法（Xiao，Su，& Li，2010）在 D.HTM 论文中也有体现。李国宏（2021）运用网络分析的视角对乡村旅游开发中的治理利益相关者进行系统与整体性研究，提出了乡村旅游社区营造开发中的治理路径，该论文对于解决乡村旅游开发中的治理遇到的问题，破解乡村旅游开发的难点具有重要的应用价值，同时也为面对复杂环境与历史机遇的乡村旅游升级提供思路。

在可持续旅游研究的子领域中，理论和方法都有了演变。这反映了这一研究子领域的成熟，它已经明显地从定义和概念审查转向经验驱动的理论测试和构建（Ruhanen et al.，2015）。譬如，周春林（2022）从"旅游空间"概念的现象学探讨出发，采用认知地图调查和空间句法分析作为理论分析依据，考察了"旅游空间"内空间意象与空间构形的关系，为旅游空间开发可持续提供了新的理论支持；郑羽蘅（2022）从旅游企业可持续发展理应承担的环境责任高度出发做了实证性研究，对影响员工亲环境行为的诸多领导风格、组织氛围中的关键影响因素与作用机制进行了初步的探讨，研究结果表明，员工亲环境行为能在为我国旅游企业产生新的竞争性资源的同时，为社会的可持续发展提供最根本的源动力。

2.1.2 旅游概念与理论的建构

旅游概念与理论的建构，笔者将之类比为一个"仰观天文、俯察地理、中通人事"的过程，是一个观象、识数、明理的过程。古人仰观天文、俯察地理、中通人事，观的是我相、人相、众生相，"观"的目的是"通"人事。若回到旅游研究中，"观"的是具体的旅游活动中发生的人与人、人与地、地与地的我相、人相、众生相，不妨概括为"旅游社会的文化现象"，从而洞察"相"所指示的"意义"并做出本质的"解释"，即是"明理"。张凌云也强调从描述现象、提出问题到寻找规律（张凌云，2022）。观象—识数—明理的过程，即扎根于旅游社会中，获取"数"，这"数"可以简单地理解为从实践中来的"数"和从文献中来的"数"，对各项数据、文本的收集、整理、分析和归纳。最后，我们需要从这些繁杂的、无序的"数"中，抽象出核心概念、提出具体的研究问题；运用合适的研究方法和技术手段来解决具体的实践问题并得出合适的科学研究结论，旅游概念与理论的建构就是这样一个观象、识数、明理的循环过程。

在本研究选取的 88 篇 D.HTM 论文样本中，共有 14 位 D.HTM 博士运用了扎根理论。扎根理论是一种定性的研究方法，寻求发展基于系统收集和分析的数据的理论。根据 Martin 和 Turner（1986），扎根理论是"一种归纳的理论发现方法，允许研究者对一个主题的一般特征进行理论解释，同时在经验观察或数据中建立理论解释"。譬如，卢雪英的研究是基于服务生态系统视角并引入创新生态系统观点，构建了研学旅行服务创新价值共创实现机制模型和创新生态系统，为服务创新价值共创研究提供了一个更全面的视角。陈鹭洁的论文构建了奖励旅游购买中心决策行为机制模型，系统解析了奖励旅游购买中心的决策行为，在一定程度上丰富了奖励旅游、组织购买行为和团队社会网络的研究。李毅的论文，深入分析了乡村旅游用地政策的实施过程，探索影响政策实施效果的因素，构建乡村旅游用地政策实施作用机制框架，给出乡村旅游用地实施中的策略建议。

旅游活动的本质是空间的实践（彭兆荣，2012），也是社会建构的结果（马天，谢彦君，2015）。张文成（2020）从蟳蜅女的生产空间、生活空间、生存空间的具体实践的田野调查中发现，蟳蜅村落传统的生计方式、家庭性别分工、宗亲关系、民间信俗等构成了蟳蜅地方文化主要内涵，并强化了蟳蜅族群认同；陈茵对民宿生活场景景观化进行了深入观察，创新性提出民宿拟态关系的概念；金浏河的研究着眼于原真性文化构建与迎合游客的本真性体验之间协调共生的过程，为"本真性"理论注入更多的人文关怀和理性思考；钟斐（2021）聚焦民宿住宿体验真实性研究，从游客和民宿经营者两个层面把研究拓展到顾客旅游体验的文化维度和情感维度。这些研究都对旅游理论的建构做了深入的探索，对对象真实性、存在真实性、关系的真实和地方的具体化体验进行了概念性讨论，体现了知识的张力。

当田野调查的对象从物转向人、从自然转到社会时，理论、方法和手段都要发生变化，自我民族志、参与式调查和行动研究就变得很重要（戴斌，2022）。

吴巧凌（2020）是国家级导游，她研究的是以昆曲为代表的表演艺术类非物质文化遗产的旅游活化。吴巧凌结合自己多年的工作实践，以自我民族志的研究手法，为旅游城市如何开发、推广非遗表演艺术提出了积极有效的可行性方案。徐进（2021）创造性地提出了"科创场域"概念，由此形成对中国科创园区转型成"科创园＋旅游园"转型的探究。王匯通（2022）填补了以旅游动机为视角对生育旅游现象专题研究的空白，该研究提炼与归纳出生育旅游群体的七项主要动机，对产业经济的市场战略和经营策略的相应制定和调整有着重要的现实意义，对于旅游学领域的学术研究也是一次有益的补充和拓展。

旅游活动的流动性和多层次的互动过程带来了旅游研究的复杂性和多样性。参与式研究方法因其反身性使用，正在为酒店及旅游研究发挥着作用。参与式研究（participatory research）是指研究对象不仅是研究者研究的客体，还反身性地参与到研究者的研究中，成为"研究"的一部分。这样的研究方法常出现于儿童研究（Horgan，2016）、心理学研究（Hutchinson & Lovell，2013）及社区健康（Oetzel et al.，2018）及社区合作（Belone et al.，2016）等研究中。向科衡（2022）通过性少数人（研究对象）自己的视频（反身性）记录了自己旅游的过程（参与研究），成为向博士研究的一部分，这样参与式研究的方式，客观呈现了性少数群体旅游体验和身份认同与觉醒。孙艳（2019）的叙事分析法，也是参与式研究的一个例子。返乡家庭旅游的家庭成员的叙事的过程，其实也是反身参与到孙艳的研究过程中，成为研究的一部分，研究对象不仅是研究的客体，在研究过程中，还成为研究主体的一部分。黄自强（2021）在研究过程中的游戏情境设计颇有创意，可以算作"参与式研究"方法的一种。研究者在工业旅游景区游览线路上设计相关的游戏环节，设置了 4 个任务线路，共计 9 处游戏打卡点，让游客更进一步了解海派文化的内涵的同时也可以更加融入景区的参观过程中。通过研究者的"游戏化"设计，旅游者不仅仅是研究对象，同时也通过"游戏—打卡"参与到整个研究中。参与式研究作为一种研究方法，在未来旅游研究中，必然获得更多关注。

张弘（2018）对跨境旅游区政策制定的思考；汪京强（2018）、王培来（2019）对旅游教育体系建设的反思；张大治（2019）对五星级酒店客房设计的研究；杨富荣（2021）对"未投诉客户"行为的探索；李旭芳（2021）对中国旅游职业教育创新的实践等都属于行动研究。行动研究在理论与社会实践结合上，体现了工作实践下所触发的知识生产。以社会实践作为一个研究模式和一个研究领域（Costley & Armsby，2007），把现实问题转化为学术问题，体现了酒店及旅游管理专业博士知识生产路径的理论与社会实践相结合，其本质上是由实践者驱动的，并位于一个特定的背景下，而不是在一个学术学科或专业领域，其源于研究者（D.HTM 专业博士）的工作（或专业）背景，过去的经验和当前关注的焦点，彰显酒店及旅游管理专业博士在旅游研究知识生产的具体实践，也是打破两个社区（two-community theory）壁垒在中国旅游研究的有益尝试。

方建伟（2022）认为，对真实、真理的哲学理解，需要从认识论（知识论）及其方法论中来寻找答案。他的论文以游客凝视活动为研究对象，基于话语分析，诠释了凝视与真实的关系，为学界深入探讨旅游知识观及推进旅游哲学反思带来新的视野与参考；周春林（2022）对"旅游空间"的概念做了初步思考，并尝试将认知地图的定性研究和空间句法的定量研究结合使用的研究模式，获得对"旅游空间"的新认知，并针对"旅游空间"案例选取地提出了具体改进意见和建议。这两篇论文凸显了 D.HTM 论文在学术造诣上的成就和追求。

2.1.3 基于经典理论的拓展性研究

旅游研究的多学科、跨学科属性（Coles et al.，2008；Echtner & Jamal，1997）为旅游科学研究带来了更多的可能性，在不同旅游情境验证或拓展了原有的理论。旅游的魅力恰恰在于研究者们可以从多个角度看待和研究旅游现象的可能性（保继刚，2014）。

基于经典理论的拓展研究，首先表现在具有中国本土研究情境。将独具中国文化特色的元素纳入旅游研究中。如将"面子"文化纳入旅游决策模型（李林，2019）、"文化价值"是传统村落游客体验的终极价值（齐炜，2019）、"孝道"进入了积极老龄化研究视角（陈元，2020）、"好客"文化对民宿经营者主观幸福感的影响（李文举，2021）、以类亲属关系为中介变量（周宇华，

2020）；沈旭伟（2021）针对运河夜游者建立的 DBP 量表，拓展了对 DBP 理论的认知和应用范围；李少华（2019）的研究是智能战略理论在中国互联网平台产业的具体管理实践；黄自强（2021）构建了具有中国文化情境下的工业旅游体验测量量表。

中国旅游研究离不开旅游教育的发展。关注中国旅游教育是 D.HTM 博士论文很重要的主题。有从旅游高等教育学科体系设置上，对实践教学体系的建构提出自己的观点（汪京强，2018），也有从校长领导力看旅游职业教育创新（李旭芳，2021），还有对酒店及旅游管理专业选择意愿做研究（于世春，2022），针对旅游在线教育持续性意向做出科学论断（姜国华，2019）。汪京强（2018），从杜威实用主义这一理论出发，探析了中国旅游高等教育实践教学体系的理论基础；姜国华（2019）针对旅游在线教育持续使用意愿差的现实，建构了旅游在线教育持续使用理论模型，为旅游在线教育提供了新的思路和办法；赵莉敏（2021）将酒店培训和目标导向相结合，为培训量表在中国背景下的酒店业的适用性提供了理论支持和实证研究；于世春（2022）引入了显性影响因素和家庭资本这两个"隐性"调节变量，提出"专业选择意愿"概念，构建了专业选择影响因素模型，丰富了相关理论适用范围和应用语境，为中国酒店及旅游管理专业课程设置和专业选择提供了有益借鉴；李旭芳（2021）运用扎根理论对领导力和旅游职业教育创新做的研究，提出了具身化真诚领导力对旅游职业教育创新实质理论，不仅梳理了领导力理论脉络，还形成了领导力理论迭代发展模型。

此外，有的研究验证了经典理论在中国本土旅游情境下的合理性或者说是适用性。如情境学习理论对中国青少年在科技馆学习的有效性（顾敏艳，2022）、海外返乡旅游集体记忆与国家认同（孙艳，2019）。还有的研究是升华或者丰富了旅游经典理论在本土化的研究成果。如金浏河（2018）对本真性理论注入了中国文化语境下的思考；向科衡（2022）对中国同性恋旅游者身份认同做了研究，构建了性少数群体身份认同和具身体验模型。这些具有中国本土化研究情境的研究成果，显然是对旅游研究知识生产的贡献。

其次，基于经典理论的拓展研究表现在经典理论的适用性上。例如，李文举、潘金龙、陈元、黄惠、赵莉敏、金建江、张晓华、郑羽蓓都运用了"社会交换理论"作为自己研究的理论支撑。从研究主题看，涉及幸福感、满意度、旅游动机、组织发展、目的地管理和可持续发展。从研究对象看，有民宿、景区、旅游方式、酒店管理、组织公民行为等。研究主题和对象的多样性，表明了旅游研究跨学科应用性的特点，基于经典理论，无论嫁接或扦插，都能对旅游知识生产做出贡献。李文举（2021）构建了民宿经营者主观幸福感的关系模型；潘金龙（2019）引入了组织服务氛围这一十分重要且独特的情境因素，探索了乡村客栈中的伦理型领导和顾客满意感知度之间关系；陈元（2020）构建了旅游环境下积极老龄化对出游动机影响的路径模型；黄惠（2020）首次尝试了互动体验与游客旅游幸福感相结合，构建了互动体验的概念内涵和测量指标；郑羽蘅（2022）研究验证了领导风格与组织氛围作为两项最为核心的组织情境因素对员工行为有着关键性的决定性作用。

再如，对消费者行为的研究，李林（2019）将信息技术、旅游活动和文化因素纳入了旅游意愿研究中，王嘉钰（2019）将服务场景作为前置变量，研究与旅游体验和行为意向的关系等，杨双双（2019）的研究拓展了 MGB 理论在特殊兴趣旅游领域的适用范围，弥补了中国葡萄酒出境游研究空白。此外，有关注游客时空行为、二次消费和满意度三者间关系（刘道强，2020），有研究高科技景区游客价值共创（朱复清，2022）和儿童对家庭消费行为的影响（茅矛，2021）。夏丹琦（2022）以儿童社会化的视角探索性研究儿童研学学习行为和学习成果。同样是儿童社会化视角，冯晓虹（2020）则从"情""礼""管"三方面探讨了儿童旅游消费者社会化中西差异；吴复爱（2022）从儿童及父亲角色，就家庭旅游幸福感做了研究，丰富了幸福感测量维度。从消费者行为的角度来看，这些研究重新审视了行为和选择，以及旅游决策、目的地选择和其他旅游行为背景下的逻辑模型，研究方法上更多是运用了批判性的、解释性的和建构主义的后现代方法。沈鹏（2022）以互联网平台个人慈善捐赠意愿为研究对象，构建了慈善捐赠行为影响因素和影响机制模型，他的研究成果对互联网经济下旅游者行为意愿研究具有一定的参照价值。

又如，价值共创理论在近年旅游研究中出现的频率较高。在本研究 88 篇样本中，朱复清（2022）将忠诚度引入价值共创研究并作为最终的结果变量，构建了游客参与数字化景区价值共创机制的理论模型；卢雪英（2021）则从研究旅游目的地的服务创新和价值共创角度，构建了研学旅行服务创新和价值共创实现机制模型；秦晓利（2021）研究了家庭度假体验与度假酒店价值共创行为；梁曦（2020）探讨了工业旅游游客价值共创行为、旅游体验、共创价值、企业品牌化之间的关系。

最后，基于经典理论的拓展研究还表现在对旅游核心概念的延展。例如，黄自强（2021）构建了具有中国文化情境下的工业旅游体验测量量表；汪群龙（2021）从老年人的旅游体验、代际互动探讨了老人幸福感，修正了Schmitt旅游体验相关维度；沈旭伟（2021）针对运河夜游者建立的DBP量表，拓展了对DBP理论的认知和应用范围；王其（2018）首次将"推—拉"理论用于工业遗产旅游需求分析中，开发了中国工业遗产旅游需求与影响因素量表；杨双双（2019）的研究拓展了MGB理论在特殊兴趣旅游领域适用范围，弥补了中国葡萄酒出境游研究空白。

从本研究选取的88篇D.HTM论文样本看，体验、真实性、认同这三个概念的延展呈现较高的学术造诣，凸显了酒店及旅游专业博士在科学研究方面的追求和相当的科研功力。

金浏河（2018）对本真性理论注入了中国文化语境下的思考；钟斐（2021）的研究表明，现代化功能性感知是游客民宿住宿体验建构主义真实性形成的基础，民宿经营者生活场景氛围的营造和文化感知有助于游客建构真实的形成。陈茵（2022）则着眼于民宿场景中人与人之间所建构的拟主、拟友、拟亲三组拟态关系，对民宿住宿体验予以诠释，也从另外角度回应了钟斐的研究结论。张文成（2020）的论文突出了蟳蜅女展示的具有表演性、艺术性的生活日常的"真实"，将居民生活的"后台"与旅游展演的"前台"结合起来，没有"帷幔"的生活场域成为游客凝视的焦点。方建伟（2022）的论文是比较难得的一篇具有哲学思辨的学术文章，对凝视与真实做了多维度批判性反思，丰富了现有旅游凝视与话语理论的研究。方建伟这篇论文无论从选题立意，还是从研究方法看，都是难得一见的好文章。同样的，向科衡（2022）对中国同性恋旅游者身份认同做了研究，构建了性少数群体身份认同和具身体验模型；孙艳（2019）首次尝试将叙事方法应用于旅游研究中，不仅对国家认同和移民旅游的知识体系做出了贡献，还为后来研究者提供了叙事研究方法的应用研究案例，这两篇论文的学术性在本次研究样本中也是比较突出的。

2.1.4 技术促进或促进作用

方法创新体现在技术促进或促进作用和基于其他学科理论或技术带来的研究方法方面的创新。

方法的创新是多方面的。有的是研究思维的创新，如张文成（2020）将仿生学和相似思维运用到地方文化保护，探索非物质文化遗产保护的内生路径；有的体现在研究方法（策略）具体实施上，如邢宁宁（2020）运用脑神经科学的方法，孙艳（2020）运用叙事分析法，刘永生（2021）借助脑神经和眼动设备捕捉游客体验度量信息；向科衡（2022）运用视频民族志方法。刘巍（2018）以工商银行白金卡客户为研究对象获取数据，都体现了研究方法的与时俱进。冯晓虹（2020）的研究特别强调儿童（研究对象）的全过程参与、自主性体现和平等性地位，使儿童从研究对象转换成为研究共同参与者，拓展了儿童消费者社会化理论模型。

还有的是将多学科理论的研究成果应用于旅游研究中，丰富了旅游研究方法论在实践层面的应用。

如陈元（2020）运用海德格尔的生存理论（存在主义哲学）、芭芭拉·费列德雷克森提出的"拓展—构建"理论（心理学）和循环理论（心理学、行为学），回应的是个体在旅游过程中形成的追求"自由"的本能，这也是人的本性。在康德看来，世界拥有理性的本质，现代性中的理性概念属于"个体理性"的范畴，因为其着眼于从个体的意识与判断方面来考察论证理性的功能与作用。在实践理性上，人的道德行为在本质上是自律的（这里的"道德"是"自由"的意思），它也是通过为道德立法以形成主体的道德意识从而规范自己的道德行为的。理性由此成为以主体为中心的理性。老年人的积极老年化与老年人旅游动机，是道德理性和实践理性的结合。陈元等 D.HTM 博士论文中的后现代主义知识观呈现出一种崭新的人文主义思维逻辑，反对本质主义和对客观性、普遍性、必然性的追求（追求自由、幸福生活是人的本性。例如，陈元的老年人积极老龄化、徐菱苓的提升退休生活质量、汪群龙的老年人代价互动与幸福感），同时又强调对象的差异性与多元化（例如，D.HTM 所呈现的对象有儿童的、老年人的、女性的等多元化特点）。中国文化背景下的旅游知识观的建构，展现为一种人生观哲学，遁世与顿悟化为一种境界意味的自识与自拔，影响着旅游者的思维与行为方式。

旅游领域乃至整个社会正日益根植于与信息技术，尤其是互联网技术运用相关知识之中，我们为此趋之若鹜，它却在我们的主观判断之外，极大改变了我们的行为、我们的感知、我们的情感、我们的思维、我们的共同生活。旅游网站上的游客评论（如张大治、纪菲菲、杨双双等）、日志（如运用网络志的陈静、王嘉钰、沈旭伟等）、图片（如吴复爱、刘志华等）、视频（如向科衡、王匯通）等信息得到了研究者的青睐，探究旅游改变了什么、旅游带来了什么。

我们不仅仅要看到技术促进或促进作用，更应该从"现象"中找到现象的本质。本质才是现象变化的根源和逻辑。

随着传统的资本、生产资料与劳动力等纷纷被信息数据、网络平台、智能服务等取代，旅游现象的本真空间生产从生活世界、旅游世界延展至网络世界。笔者将其称为空间生产的三极。将智能目的地、智能商业生态系统和智能体验识别为由数据创建、处理和交换层支持的三个基本组件（Gretzel，Sigala，Xiang，& Koo，2015）的智慧旅游，已然是将计算机、远程通讯及互联等成为当前旅游领域经济和社会交换方式、工作和组织特征、知识生产和再生产方式等的决定性因素，旅游文化与社会的形态包括与之相伴随的思想与观念形态、行为方式等都在发生相应的转变，这种转变甚至包含了对有关旅游时代精神与"游戏规则"的改写，为旅游知识生产提供了更加宽广的路径，当然，这也是技术进步或促进作用于旅游的知识生产。

在信息技术发展及信息搜索需求增长背景下，社交媒体的形式多种多样（Akar & Topçu，2011），如QQ、"脸书"、飞猪、携程等。各大社交平台提供了丰富的目的地特征、活动和适当的价格信息，以确定游客的需求，包括文字、图片或实时口碑视频的社交媒体，分享和点赞使得交际和圈层变得"平滑①"，让旅游者获得更多的关注，更有兴趣也更渴望在各种旅游相关的体验中更有效地互动，并倾向于相信和依赖彼此的信息，从而实现了生活世界、旅游世界和网络世界的勾连和互动。此外，旅游者还可以通过网络方便地搜到相关的旅游信息。用户也可以轻松地以文本、照片、视频等形式创建和发布各种内容，在

---

① 平滑是当代标签。反映出一种普遍的社会要求，是当今交际社会的缩影。（韩炳哲，《美的救赎》2019，中信出版社）

这些应用程序的帮助下，社交媒体的用户可以轻松地上传文本内容、图像、音频和视频，分享与旅游相关的信息、故事和经验，以及他们与旅游相关的评论、评级和推荐（Gretzel et al.，2015）。这些网络素材也成为旅游研究者重要的内容数据，在旅游体验、动机、决策等研究领域生产出新的知识。

2.2 D.HTM 博士论文的社会实践

知识的应用是"实践"问题。实践社区（community of practice，CoP）被认为是知识创造的驱动因素（Matsuo & Aihara，2022），旅游研究是与旅游实践同行的，有学者强调要在旅游"管理"和旅游"研究"之间保持平衡，以确保研究领域的活力（Carr & Hayes，2017）。

2.2.1 研究的缘起

在人文社科类学者的研究模式中有个优秀的传统，那就是始终保持对工作的持续关注，保持住"头脑里"的思想和见解，并且也从与同行的频繁接触中获益。以本职工作作为一个研究模式和一个研究领域（Costley & Armsby，2007），是 D.HTM 酒店及旅游管理专业博士生们研究的缘起，把现实问题转化为学术问题，体现了在职专业博士在应用研究方面的知识生产和应用的独特性。

笔者从宏观背景和微观背景两方面对 D.HTM 论文研究缘起做个图表列示，从表 5-1 中，我们能清楚地看到，酒店及旅游专业博士论文的研究，源于时代背景的痕迹相当明显。从宏观背景看，酒店及旅游业研究紧扣时代主题。如"供给侧改革""创新""乡村振兴""低碳环保""可持续性发展"这些课题紧扣国家大政方针；而针对酒店发展不均衡、互联网发展带来的社会转型和变迁这些课题又与酒店及旅游业现实发展脉络紧紧相连，充分显示了酒店及旅游管理专业博士的知识生产模式从追求学术卓越向注重解决实际问题的转移，酒店及旅游管理专业博士的研究成果也具有相当的理论复杂性，促进了酒店及旅游业知识体系的认识和方法论的发展。

在微观背景上，我们更多看到了对具体实践问题的关注。酒店及旅游管理专业博士生们将研究置于实际应用的环境中，通过对微观实践的具体问题的研究和本国化具体实践产生新的知识，如关注了高校旅游教育的课程设置、在线教育、就业引导；看到了大众旅游背景下的家庭旅游、儿童旅游的发展带来的旅游者行为、儿童消费者社会化等新的研究课题；酒店可持续性发展需要对酒店领导力、酒店科技创新、酒店人才培养及供给等全方位的系统的思考；绿色、环保等理念在工业旅游绿色开发、遗产旅游活化保存、国家公园品牌化建设等方面有了新的研究突破；国家认同与返乡旅游、海外研学等结合起来，看到了旅游的软实力和文化自信具体的承载表达。这些微观背景看出了专业博士更加专注于产生可应用于实践的研究（L. B. Ellis & Lee，2005），通过研究实践问题，酒店及旅游业专业博士不仅促进了从业者的职业发展（Doncaster & Lester，2002），同时将他们的研究成果用来解决实践工作中的问题，提高他们作为从业者的技能（Fink，2006），还产生了可以应用于特定实践领域的研究结果（Ellis & Lee，2005；Fink，2006），成为新的知识贡献。

D.HTM 研究的社会实践，是知识生产路径之一。社会实践是与社会生活的特定领域相关的各类社会成分的链接，即体现了酒店及旅游管理专业博士们敏锐结合国家当前经济、政治和文化及社会发展形势，深度挖掘研究新视域的能力。康德说过，我们的一切知识都源于先验的知识①。先验的知识产生于实践。

实践概念在人类思想史上有很长的历史。

在中国古代"实行""践履"大致相对于今天的"实践"，孔子、孟子提出了知行问题，相对于我们说的认识与实践关系，强调"知行合一""学以致用"，在《大学》提出"格物致知"，研究事物原理而获得知识并用于齐家、治国、平天下。朱熹说，"论先后，知为先；论轻重，行为重"；王阳明说，"知为行的主意，行为知的工夫"。正所谓是，知到真切笃实处即是行，行到明觉精察处即是知。

在欧洲，较早提出实践概念的是亚里士多德，他提出"潜在者本身的现实化称为运动②"，这里的运动含有实践的性质，目的性成为实践活动的基本环节。在近代，特别是德国的古典哲学中，人们已更能自觉地谈论实践了，实践作为主体活动，康德首先提出了理论理性和实践理性的概念，但康德的实践范畴仅在道德层面，显然是大大缩小了实践范围。

"读万卷书，行万里路"，旅游由此成为中国古人认识自然界，直观人生众象的必要活动，成为一种比圣言学习更直接、更深刻、更基本的学习与实践过

---

① 见康德《纯粹理性批判》2020 第五版导言部分。
② 《西方哲学原著选读》（上），北京大学编译，1981。

程。旅游在中国传统文化中是一种对"人"之天道的认识过程，是对人生意义、价值与使命的认识过程，是推离书本知识而直接从大自然中领悟的过程。在道德层面上，旅游世界在某种隐喻意义上以其知识型构建起了哈贝马斯哲学上的"一种共同的生活方式"，一种由规范、信念、习俗等各种活动领域所构成的整体的"理想世界"。这个"理想世界"当然也可以成为一个中国人心目中的"世外桃源"，一个在托马斯·莫尔梦中的"乌托邦"。正如张文成在论文中写的——有这样一些小的群落，或是由于特殊的历史、地理、人文环境，寄生于汉族这个庞大的主体族群中与世隔绝，从而形成了传统文化的"世外桃源"。但是随着城市化进程的加速，这些世外桃源正在渐渐弱化甚至是消失了，"寻未果"后遂"无问津者"。——旅游特有的作为一种对日常工作与生活状态的逸出，充满娱乐性与自由精神，一直感染着并吸引着人们追求真、善、美。寻得果，问津者攘攘。

社会实践是与社会生活的特定领域相关的各类社会成分的链接，即体现了酒店及旅游管理专业博士们敏锐结合国家当前经济、政治和文化及社会发展形势，深度挖掘研究新视域的能力（见表5-1）。

表5-1　D.HTM 研究缘起的背景（2016—2022 年，以入学先后为序）

姓名（年份）	宏观背景	微观背景
葛继宏（2016）	政府积极主导和推进旅游产业和影视产业的供给侧结构改革	影视作品营销与旅游目的地营销的战略合作形成协同效应成为热点研究
李军（2016）	市场环境变化使员工绩效的提高成为企业赢得竞争优势的关键	缺乏基层领导行为对工作绩效的影响的相关研究
郑溯（2017）	基于可持续发展理念，如何权衡工业遗产保护与重新开发利用已经成为一项重要议题	对于工业遗产保护开发的标准与规范以及流程管控等研究不够深入
谷勇（2018）	尽管酒店业成为拉动经济发展的新动力，但高校创办教学酒店却不尽如人意	酒店品牌化推进和创新技术在教学酒店的应用，振兴高校教学酒店的发展
金浏河（2018）	非物质文化遗产、博物馆旅游发展，成为我国旅游业发展的新动力	寻求中国语境下"本真性"赋予非物质文化遗产旅游探索意义和学术价值
刘巍（2018）	互联网技术的发展带动了共享经济和社群经济的发展	以体验为基础的互联网社群经济的品牌营销引起关注

续表

姓名 （年份）	宏观背景	微观背景
刘晓风 （2018）	中国五星级酒店的营业利润率不断下滑，品牌运营面临诸多矛盾	品牌研究的内部管理受到重视，加强中国五星级酒店品牌内化的研究显得尤为必要
马有明 （2018）	建立健全国家公园管理体制任重道远	将国家公园当作品牌的研究较少
汪京强 （2018）	中国旅游高等教育与旅游人才需求不适应的现实问题仍较突出	有必要从基础教育思想视角出发，重新审视实践教学体系的构建
王其 （2018）	工业遗产旅游作为一种特殊的、新兴的旅游形式，仍然有较多的问题值得关注	关注国内的工业遗产旅游发展现状和实际情况的探索性研究相对不足
余文罡 （2018）	国家供给侧改革对如何实现酒店经营绩效的突破提出了新的要求	酒店股权结构与经营绩效关系的研究具有现实必要性
张弘 （2018）	世界经济全球化和区域经济一体化，开展区域旅游合作是当今世界旅游业发展的必然趋势	现有政策无法满足跨境区域旅游合作的迫切需要
陈静 （2019）	中国社会家庭规模与结构变化	家庭旅游成为趋势，依托社交媒体的兴起和消费者生成的内容成为重要的研究内容
陈耀 （2019）	高星级酒店业绩整体低迷，酒店品牌建设道路依然曲折	探究服务创新对酒店经营业绩提升的影响受到广泛关注
郭志刚 （2019）	体验经济下，酒店品牌成为酒店的核心竞争力	服务场景下顾客体验对酒店品牌忠诚的影响受到关注
韩晓燕 （2019）	乡村发展问题成为许多国家政府和机构的重要议题	创业环境对创业结果和创业过程的影响受到关注
纪菲菲 （2019）	社交媒体发展为消费者说服研究开创了新的视角	旅游叙事对女性消费者旅游目的地认知和情感说服具有重要影响
姜国华 （2019）	数字化的在线学习方式成为人们接受教育的新途径	在线教育兴起推动着传统教学模式变革，仍面临着不容忽视的瓶颈与短板
李林 （2019）	互联网、大数据、人工智能与实体经济迈向深度融合	社交网络环境如何影响中国游客出游决策需要关注
李少华 （2019）	数据成为最核心的生产要素之一	互联网旅游平台产业创新研究，能为后续研究或产业实践提供参考

续表

姓名 （年份）	宏观背景	微观背景
李征 （2019）	互联网改变了我国旅游的商业形态与创新模式	关于互联网金融对于旅游电子商务的影响以及旅游电子商务企业发展策略方面的分析与探讨依然处在初期阶段
林家颉 （2019）	台湾酒店业迫切需要不断地思考如何调整、转型与创新，以新的竞争优势来迎战不确定的未来	从战略层面全盘考虑如何保持酒店竞争优势已成为待研究的课题
潘金龙 （2019）	以乡村客栈为依托的旅游消费方式逐渐受到了社会各界的关注	乡村客栈顾客满意度是一个全新的研究问题
齐炜 （2019）	传统村落的传统文化旅游活化保护越来越重要	探寻传统村落保护的重点和终极旅游价值成为一项重要的研究内容
孙艳 （2019）	全球化背景下流动性增强，移民成为常见的社会现象	集体记忆与国家认同的社会建构成为新的研究热点
汤宁滔 （2019）	国家认同在新时代具有重要意义	香港青少年国家认同教育十分必要且具有重大意义
王嘉珏 （2019）	体验经济下借助高科技手段，开拓主题公园新市场，保持差异化竞争优势	服务场景对游客体验及其行为意向的作用机制亟待进一步研究
王亮 （2019）	中国经济"新常态"下，创新及互联网重塑酒店产业链	对投资酒店信息技术所产生的商业价值研究逐渐深入
王培来 （2019）	酒店可持续健康发展	酒店行业面临着劳动力短缺和流失率居高不下的困境
杨永彪 （2019）	数字化时代引发酒店经营在技术环境、人文环境、宏观政策等方面的变化	酒店如何实施数字化转型是实现重新繁荣的迫切需求
杨双双 （2019）	中国经济的高速发展及消费升级时代的来临	中国出境游细分市场的消费者行为决策研究为消费升级时代提供理论支持
张大治 （2019）	大众旅游时代迅速发展	五星级酒店面临巨大的竞争压力
戴梦华 （2020）	伴随着旅游业的快速发展，酒店纠纷急速增加	国际品牌酒店进入中国市场面临酒店法律纠纷
陈元 （2020）	老龄化社会到来要求关注旅游业的老龄化问题	老年旅游市场不断发展且潜力巨大

姓名（年份）	宏观背景	微观背景
方向红（2020）	中国酒店业迎来了"新时代"，保持竞争的优势在于人才竞争	酒店人力资源制约了酒店业的发展
冯晓虹（2020）	儿童休闲旅游消费市场潜力无限，受到学界和业界的广泛关注	儿童旅游消费者社会化作用机制为消费者行为研究提供新的研究视角
付卉（2020）	研学旅行成为新的旅游方式，大学生短期海外研学旅行对学生素质教育有明显效果	大学生短期海外研学旅行对旅游教育的意义
黄惠（2020）	特色小镇成为旅游发展的新业态	特色小镇游客的互动体验与旅游幸福感，是旅游研究新的核心问题之一
梁曦（2020）	体验经济下，利益相关者的共同驱动促进了工业旅游成为新兴的旅游形式	打造工业旅游目的地是大势所趋
刘道强（2020）	旅游业迅速发展，但我国主题公园盈利状况不容乐观	主题公园二次消费乏力，盈利能力欠佳
刘志华（2020）	信息技术成为旅游研究全新和重要的研究领域	信息价值对游客消费决策的影响力越发显著
苗玲（2020）	体验经济下海岛非遗旅游受到更多关注	全域旅游的视角下海岛非物质文化遗产传承与活化值得研究
吴巧凌（2020）	非物质文化遗产承载着中华五千年灿烂文化，非遗研究逐渐成为学界关注的热点	非遗保护和旅游开发互动研究较少，表演艺术类别的非遗文旅融合现状并不理想
邢宁宁（2020）	家庭游成为旅游业重要细分市场	越来越多的儿童作为独立的旅游个体参与旅游活动中
赵晖（2020）	酒店业发展，特许经营成为国际酒店集团区域拓展的主要手段	特许经营受许方（业主）如何选择国际酒店品牌是业内普遍存在的困惑
张文成（2020）	非物质文化遗产地保护的矛盾和冲突日益多元化	城市化进程中如何保护地方非遗文化是个严峻的问题
周宇华（2020）	酒店业同质化严重，需要新的管理突破；中国本土酒店管理实践，需要适合国情的管理手段	领导力研究成为酒店研究的重要课题
陈素霞（2021）	"互联网＋"时代，体验经济蓬勃发展	体验经济下的社群消费成为酒店研究新课题
陈镇（2021）	创新是时代主旋律，创新驱动成为酒店可持续发展的关键	领导力研究成为酒店研究的重要课题

续表

姓名 （年份）	宏观背景	微观背景
黄自强 （2021）	体验经济下旅游需求呈现多样化趋势	工业旅游产品开发的时代性和多样性值得研究
李国宏 （2021）	在乡村振兴战略的指引下，中国的乡村旅游开发方兴未艾	利益相关者理论引入乡村旅游研究中
李文举 （2021）	民宿作为新的住宿业态，发展迅猛成为旅游吸引物	民宿经营者个体成为研究主体
李旭芳 （2021）	教育创新是我国建设教育强国，加快人才培养的迫切需要	中国旅游职业教育创新探索
李毅 （2021）	乡村旅游发展迅速	乡村旅游土地利用存在诸多问题
刘永生 （2021）	中国旅游市场规模快速扩张，是世界主题公园市场增长最快的区域	主题公园游客体验感不强
卢萍 （2021）	体验经济为旅游业发展大势所趋	历史文化名城具有极大的保护和旅游开发价值
卢雪英 （2021）	研学旅行引发教育和旅游两大领域学界和业界的广泛关注	如何提升研学旅行目的地的竞争力亟待解决
茅矛 （2021）	家庭子女逐渐成为影响家庭酒店消费决策的重要因素	家庭消费决策研究成为酒店研究新的热点
齐鸣 （2021）	供给侧改革、新型城镇化建设和美丽乡村建设，带动了特色小镇发展	特色小镇旅游作为一种特殊的、新兴的旅游形式，仍然存在较多的问题
秦晓利 （2021）	国民休闲旅游的大众时代，家庭度假正逐渐成为旅游消费的主流	顾客体验模式和服务模式成为酒店研究重要课题
沈旭炜 （2021）	我国经济进入新常态，夜间经济成为从国家到地方提振经济发展的新抓手	通过夜间旅游体验，提升目的地品牌影响力
魏东 （2021）	民众亚健康问题和老龄化问题成为社会关注的问题，康养旅游受到重视	森林康养旅游发展迅猛
王娟 （2021）	传统资源驱动型的区域旅游发展模式受到质疑，全域旅游对旅游转型提出新要求	旅游景区如何突破"门票经济"的困境，谋求新的发展迫切需要解决
汪群龙 （2021）	积极老龄化与老年人旅游消费的兴起，老年人旅游体验及旅游代际互动是需要关注的问题	老年旅游业发展，银发旅游市场引发新的思考

续表

姓名（年份）	宏观背景	微观背景
徐进（2021）	科创园区是创新活动的主要载体，其发展也面临瓶颈	科创园区的旅游空间生产需要突破瓶颈
杨富荣（2021）	现有研究中对于互联网背景下的饭店"未投诉顾客"的研究较少	互联网背景下饭店顾客满意度研究需要有新的研究视角
杨国强（2021）	酒店业发展迅猛，但面临新的管理和经营问题	追求网络高评分与良好评价的趋势日益显著给酒店带来负担
赵莉敏（2021）	旅游和酒店高速发展	旅游行业发展与人才发展不匹配
钟斐（2021）	民宿是我国乡村旅游的重要组成部分，是发展乡村旅游的基石	游客在民宿住宿体验是体验研究重要内容
陈鹭洁（2022）	奖励旅游作为企业的管理工具，引发了众多的奖励旅游客流	购买中心成为研究组织购买行为的重要切入点，社会网络提供了分析购买中心的视角
陈茵（2022）	城市化进程推进、乡村旅游兴起以及市场需求增长带动了民宿的发展	民宿在发展过程中出现的现实问题亟待解决
方建伟（2022）	大众旅游时代迅速发展	旅游哲学的研究仍未得到应有的重视
顾敏艳（2022）	青少年的发展关乎国家的社会和经济发展	科技馆对于培育青少年的创新思维和科学意识具有非常重要的作用
金建江（2022）	特许经营商业模式受到越来越多关注	酒店是采用特许经营模式最多的行业
江焰（2022）	体验经济下民宿旅游者旅居体验值得研究	主题民宿成为非标准化接待产品的典型形式
李煜冬（2022）	互联网快速发展深刻地影响了各行各业	酒店行业产品、服务、营销与管理等各方面都面临着新的挑战与机遇
罗建基（2022）	休闲已成为人们追求生活品质、实现自我和幸福生活的重要方式，我国"博物馆热"蔚然成势	我国博物馆讲解志愿者渐成风景线，是一个值得探讨的群体
沈鹏（2022）	互联网技术全方位融入社会生产、组织行为和人民生活等多个领域	个人慈善捐赠行为有普适性研究价值
王匯通（2022）	旅游的种类和目的地更加新颖化、细致化和多元化	旅游动机研究面临新的课题

续表

姓名 （年份）	宏观背景	微观背景
吴复爱 （2022）	家庭幸福是社会稳定和发展的基础，携带儿童出游是家庭旅游的常见形式	父母、儿童及家庭在旅游过程中的幸福感研究，是旅游幸福感研究重要内容
夏丹琦 （2022）	旅游在本质上具有客观的教育功能和学习效果	旅游对儿童社会性发展的影响作用
向科衡 （2022）	性少数群体已成为一个新的旅游市场	性少数人群的旅游行为和特征在现有学术探讨上展现的层次和视角并不均衡
徐菱苓 （2022）	人口老龄化形势日益严峻	从精神层面来提升退休老年人的生活质量是一个亟待重视的课题
于世春 （2022）	旅游业和酒店业高速发展	酒店及旅游管理专业面临招生难、学生专业认同低、行业就业率低等困境
张晓华 （2022）	VUCA 时代的酒店行业如何应对新经济形势亟待解决	学术界与业界都在思考，酒店需要怎样的领导行为与特质来应对当前的新经济形势
郑羽蔺 （2022）	"双碳""减排"背景下的旅游企业如何发展受到关注	旅游企业积极响应国家"双碳"目标，推动全行业的绿色低碳转型和高质量发展
周春林 （2022）	空间构形和空间意向是旅游地理学研究的重要课题	旅游者行为与旅游空间关系的认识问题尚未被解决

2.2.2 研究的应用

酒店及旅游业的产业属性，决定了酒店及旅游业科学研究的应用实践性。知识生产模式转型背景下的知识生产具有社会弥散性特征，因知识生产关系到公众利益而必然带来多元主体的关切。研究表明，知识管理系统的失败可以归因于过度强调技术和对"知识的人性"的认识不足（Beesley & Cooper，2008）。Tribe（2016）也指出，当前旅游研究已经产生大量知识，但是大多数为增益性知识，即旨在增加或者改造关于旅游现象的理论、洞见或理解的知识（Tribe & Liburd，2016），但对旅游研究的知识结构性的认知研究明显不足。因此，我们需要反思旅游研究的应用性。

在这个全球化、信息化与大众旅游时代，旅游与自由、审美、视觉、消费和时尚之间的关联日益紧密，在去中心、多元价值取向、追求人的彻底自由的后现代主义思潮下，有关旅游现象之本质、规律及意义等深层的认识、追问与反思，无论是在促进旅游业可持续发展方面，在完善旅游学科发展方面，还是在促进人类社会文明进步方面都有重大意义。

酒店及旅游管理专业博士知识生产源于时代背景与需求。源于旅游发展、旅游对经济拉动力的有22篇；源于旅游发展带来的酒店等相关产业发展，引发的知识生产有17篇；具有鲜明时代特征的如互联网（数字经济、大数据）有15篇；经济转型带来对酒店及旅游发展思考的有5篇；创新（创新创业）5篇、幸福感（5篇）、旅游体验（12篇）、乡村旅游/乡村振兴/城市化转型（4篇）等时代热门词汇进入了研究的视角；供给侧改革、经济新常态、VUCA时代、科教兴国、全域旅游、乡村振兴这样的时代背景赋予了酒店及旅游管理知识应用更多的时代性。碳排放和员工亲环境行为研究也进入了酒店及旅游管理专业博士知识生产及应用领域。

酒旅行业发展困境引起了酒店及旅游管理专业博士生们的关注。针对行业发展与现实人才供给不匹配、教育不匹配等现实问题的研究对策，是酒店及旅游管理专业博士论文知识生产的重要组成部分。旅游+教育，研学旅行成为重要的新的旅游产品，有9篇论文知识生产涉足教育、研学、培训话题，为解决行业发展困难提出有益见解和理论解决方案。

体验是旅游的硬核（谢彦君，2005），体验经济下对体验的关照显得特别重要。体验与真实性、提高体验感、对体验感的度量和评价、旅游产品设计以提升体验感等，引发酒店及旅游管理专业博士研究兴趣，并产生了相当的研究成果，具有广泛的应用价值。

旅游带来流动性而产生的问题，也是酒店及旅游管理博士生们捕捉到的知识生产重要内容，尤其是在国家认同上，有3篇论文就国家认同展开研究。流动性带来的对非物质文化遗产保护及活化保存研究（4篇），流动性下带来旅游动机多元化的研究（3篇）也对旅游知识的发展具有相当的贡献。

从本次研究样本看，还对国际酒店品牌特许经营扩张带来的法律纠纷和风险防范（1篇）提出了专业意见，法律与旅游知识的融合（2篇），知识张力再次延伸。跨境旅游合作区政策制定（1篇）同样彰显了旅游研究多学科、跨学科特性。

家庭旅游的兴起（6篇）、儿童作为独立的个体，在旅游决策中扮演着特殊的角色，具身性研究为旅游动机／决策研究提供了新的研究思路，必然产生新的知识和应用范围。

当然，有的博士论文从细微入手，很难就其研究宏观背景予以归纳，但从微观层面看，也是落脚于当下的客观现实、客观实践而产生的知识生产。从旅游空间意向与构形，对旅游特殊群体的研究，对常规旅游产品（如 MICE）组织购买行为研究等，都凸显了酒店及旅游管理专业博士生们独到的研究视角、敏锐的学术嗅觉。

研究的应用最有激发力的作品还是那些指向实践的作品。中国传统哲学坚守的正是须臾不离日常生活的、知行合一的哲学传统，足可资鉴旅游界甚至促成创造性发展。

"……装备上了战后大陆哲学中的解释学、现象学和符号学等诸多手段，并终于开始对英美的社会理论产生冲击。这些视角所依赖的各种结构概念实际上就是必须从行动者的观点来理解的各种过程，这一认识提出了种种关于解释的问题，并显示出在记录社会现实方面的种种革新机会。"（詹姆斯·克利福德＆乔治·E.马库斯，2017，P210）

正如笔者很欣赏的王匯通、方建伟、向科衡、冯晓虹的论文，他们在研究游客行为如游客凝视时，将其视为一种社会现象，并将其理解为内嵌于组织动态行为的一个过程，因而也更倾向于阐释性的、以叙事为导向的和归纳性的研究，当前建构主义者所使用的方法如叙事研究、符号学、话语分析、对话分析、文献与口述历史、社会诗学等，在生活世界、旅游世界和网络世界这"三极"的空间与时间互动与流动，呈现出的社会构建，并且不同的社会秩序以不同的方式建构了在"三极"不同空间与时间及之间的关系，这些构建及其变化正是社会变革的一部分，为旅游知识的应用提供了广袤的土壤。D.HTM 酒店及旅游管理专业博士生们的研究及其知识的应用，体现了研究的价值。

2.2.3 研究的价值

研究的价值首先在于"再认识"。高清海先生曾说，哲学是从把握认识自身矛盾开始的。一切认识活动的目的和出发点都是把握外部世界和自身规律。D.HTM 博士论文的研究，有助于我们对旅游及旅游现象"再认识"。

对旅游核心概念的再认识。例如，金浏河（2018）对"本真性"在学理概念、研究方法、研究领域等方面的争议与空白点方面上所做的一次具有挑战性的尝试，研究表明，在中西不同文化背景下，中西方游客在寻求本真体验在艺术审美、体验模式、体验内在深度等方面有所区别，让我们对"本真性"有了新的认识。方建伟（2022）则是从旅游哲学视角对旅游凝视与真实做了回应，运用话语分析和解释学的方法，丰富和发展现有旅游哲学尤其是认识论的研究，由此对凝视和真实性有了新的认知。

再如，本研究样本中，对消费者行为研究方面，"儿童"和"老年人"旅游消费行为研究成果颇丰。

儿童方面，冯晓虹（2020）的研究让我们了解到儿童作为旅游者的消费社会化在旅游感知年龄、产品知识、旅游依恋和家庭依恋风格中的作用，丰富了现有的消费者社会化、儿童旅游和童年研究的知识体系。邢宁宁的研究是旅游视频广告所激发的儿童情绪反应与旅游行为意向之间的关系；秦晓利（2021）的研究不仅体现了儿童对家庭旅游决策的影响，还让我们认识到家庭每个成员（父母和儿童）度假体验和度假酒店的价值共创行为；茅矛（2021）的研究是儿童对家庭入住豪华酒店消费行为的影响机制；夏丹琦（2022）是从儿童社会化的视角对研学旅游儿童学习行为和学习效果做了研究；吴复爱的研究以旅游前、旅游中及旅游后为时间轴，以生活世界、旅游世界及网络世界为旅游幸福感承载空间，探寻父母、儿童及家庭在旅游过程中的幸福感。这些博士论文，让我们对儿童消费者社会化、儿童情绪反应与旅游行为意向、家庭度假体验与幸福感、家庭儿童度假行为与决策以及儿童社会化等有了新的认识。

老年人方面，陈元的老人旅游动机与积极老龄化、汪群龙的老年人旅游体验与幸福感、徐菱苓提升退休老人生活质量的研究，让我们认识到旅游在老龄社会独特的价值和作用。

向科衡的研究让我们认识到性少数者身份建构与具身体验之间的关系；王匯通的研究让我们重新认识到生育旅游的动机。这两篇文章填补了近年来旅游研究在敏感话题上的空白。让我们对特殊群体的"身份""动机"有了新的认识。

认识活动是实践的内在要素。认识使得实践具有目的性，没有认识也就没有实践，认识是实践活动的内在环节，因此我们对研究价值的认知，需要有实践的视角。

研究的价值其次在于"再实践"。在旅游研究的主体和客体关系中，存在着实践关系、认识关系、价值关系等多种关系。但实践关系和认识关系是其中最重要的关系。因此，研究的价值还体现在"再实践"上。

从本研究样本看，研究主题涉及了博物馆旅游（金浏河、顾敏艳、罗建基）、旅游目的地认知（纪菲菲）、酒店公共空间设计（陈静）、传统村落保护（齐炜）、旅游意愿/动机（李林、陈元、刘志华、邢宁宁）、国家认同（孙艳、汤宁滔）、服务及满意度（潘金龙、卢萍、杨国强、杨富荣、黄惠）、工业旅游（梁曦、黄自强、郑溯、王其）、地方非物质文化遗产保护（张文成）、民宿经营者（李文举）、民宿游客（陈茵、钟斐、江焰）。此外，还出现了对性少数群体旅游者身份认同和具身体验的研究（向科衡）以及对互联网平台慈善捐赠个人捐赠意愿的研究（沈鹏）。将性少数群体和互联网平台个人慈善捐赠意愿研究纳入旅游研究的社会实践，凸显了酒店及旅游管理专业博士社会实践的独特性。

再如品牌方面，马有明（2018）首次将国家公园作为一个品牌，研究了旅游目的地对国家公园品牌权益的影响；刘巍（2018）看到了互联网经济的发展，互联网营销成为旅游研究新的课题，他以工商银行白金尊享卡 App 的品牌社群为研究对象，探讨了虚拟社会资本对品牌推崇的影响；李煜冬（2022）看到了互联网平台经济下产品差异化对酒店品牌资产的影响，以飞猪品牌酒店旗舰店差异化产品为研究对象，探讨酒店品牌资产影响要素。随着城市经济的深度发展，夜间经济作为重要消费形式之一，成为旅游研究新热点。沈旭伟（2021）探讨了运河夜间旅游品牌个性。再如，产品方面，李少华（2019）以飞猪平台"单体酒店营销"和"定制游"两个创新产品案例的创新设计实施与创新扩散的动态过程，剖析基于大数据的旅游产品创新应用，黄自强（2021）探索性研究了游戏化工业旅游产品设计对游客相应的影响，陈鹭洁（2022）将研究实践转向 MICE 组织购买行为。又如，对购买者的研究中。此外还有涉及高科技服务场景和沉浸式娱乐项目对旅游体验影响的研究（王嘉钰，2019；刘永生，2021），有关注游客时空行为、二次消费和满意度三者间关系（刘道强，2020），有研究高科技景区游客价值共创（朱复清，2022）和儿童对家庭消费行为的影响（茅矛，2021）。

D.HTM 研究的社会实践性本质上是由实践者驱动的，并位于一个特定的背景下，而不是在一个学术学科或专业领域，其源于研究者（D.HTM 博士生）的工作（或专业）背景，过去的经验和当前关注的焦点，彰显酒店及旅游管理专业博士在旅游研究知识生产的具体实践，也是打破两个社区（two-community theory）壁垒在中国旅游研究的有益尝试。如杨永彪（2019）较早关注到中国酒店数字化转型；周宇华（2020）以类亲属关系为中介变量，以中国传统文化为调节变量对亚洲范式酒店中国本土化实践做了实证研究；张晓华（2021）从本职工作体会出发，将谦逊型领导风格与员工工作满意度结合起来做了实证研究；王培来（2019）、方向红（2020）关注到新时代员工特点，分别从工作价值观、职业嵌入、培训模式对企业/员工关系做了研究。

从本研究样本看，在旅游教育/培训方面，社会实践性特征明显。当下我国旅游本科教育普遍面临着发展中的困境，主要表现为旅游类专业招生吸引力低、毕业生行业留存率低。破解旅游类本科教育困境的根本出路在于加强旅游学科的建设（严旭阳，2022），本研究样本中有一些关注旅游高等教育学科体系的设置，汪京强（2018）对实践教学体系的建构提出了自己的观点，李旭芳（2021）从校长领导力看旅游职业教育创新，于世春（2022）对酒店及旅游管理专业选择意愿做研究，姜国华（2019）针对旅游在线教育持续性意向做出科学论断，赵莉敏（2021）从酒店培训与组织承诺关系角度给出了业界思考。旅游教育/培训的知识生产，从实践到理论，再由理论指导实践的科学知识生产路径清晰，一方面回答了中国旅游教育/培训管理实践中的问题，另一方面给予中国旅游教育/培训管理实践前瞻性的指导，这些彰显了酒店及旅游管理专业博士论文知识生产独到的价值和意义。

政策制定者和学者组成了两个独立的社区（Caplan 1979；Dunn 1980），如何更有效地利用学术研究，为公共政策的制定和实施提供信息和帮助，一直是业界、学界、政策制定者关注的问题。本研究样本中，有的涉及国与国间跨境旅游合作区的政策制定（张弘，2018），也有的涉及乡村旅游开发过程中的治理问题（李国宏，2021）和土地政策（李毅，2021）。从这三篇酒店及旅游管理博士论文看，试图打破两个社区之间壁垒的努力一直没有间断过。张弘从政策制定过程与合作动机视角研究了中俄旅游合作示范区政策，提炼了中俄两国旅游合作政策的共性要素；李国宏（2021）运用社会关系网络对乡村旅游发展治理中的利益相关方多元化的研究，为乡村旅游开发治理提供了新的思路；李毅（2021）构建了乡村旅游用地政策实施影响因素框架模型，为旅游开发土地政策提供了理论依据。

旅游规划从宏观层面上，涉及政府、社区和其他利益相关者的旅游目的地的发展计划；而从微观层面看，则是个体组织计划未来的发展方式，尤其是产品的开发。从这个意义看，王娟（2021）是从宏观层面对皖南国际文化旅游示范区空间格局演变、效应及优化做了研究，从旅游地空间格局现象上升到空间格局效应的理论高度，构建了文化旅游示范区空间结构演变效应及影响机制模型；而徐进（2021）则是从微观层面，以旅游空间生产视角，提出了"科创场域"概念，对旅游场域中科创园区的空间生产做了研究。

齐鸣（2019）的研究将经济学外部性理论和旅游空间开发理论相结合，对特色旅游小镇文化创意产业做了研究，揭示了文化创意产业对特色小镇旅游经济发展的促进作用。韩晓燕（2019）以民宿经营者的实证数据，探讨了乡村创业环境、创业资源与创业绩效之间的作用机制，建构了更适合中国情境下的乡村创业环境评价指标体系。周春林（2022）关于旅游空间意向与构形的研究，采用认知地图的定性研究与空间句法的定量研究相结合的研究策略，推进了空间意向和空间句法的关联研究，拓展了旅游空间意向研究的维度，推进了城市意向理论在旅游空间意向的研究，显现了相当程度的科研水平和科研成果。

3. 知识的输出

知识的输出是知识管理中的一个重要方面，知识输出是指将有形的或者是无形的知识在产学研合作的参与者之间进行输出—转移—传递。高效率的知识输出，是产学研合作知识管理的重要方面。知识可以被视为对数据和信息吸收、运用和再生产的一种活动（L. G. A. Beesley & Cooper，2008）。"知识创造""知识获取""知识输出""知识传播""知识转移""知识扩展"经常被互换使用，由此可见，为什么知识应该被视为一种活动，以及这一观点如何有助于增强对知识管理实践的理解。知识的输出，可以算是酒店及旅游管理专业博士生们对知识的再生产。通过知识的输出，不仅将隐性知识扩散到更广范围，为解决实践问题提供理论性支持，同时也检验了知识在实践的应用性。面对日益间断的环境变化，知识的输出解决了组织适应、生存和竞争力的关键问题（Malhotra，2002）。D.HTM 知识输出有以下几个主要方式。

3.1 一日教授（professor for a day）

在香港理工大学旅游及酒店管理学院田桂成院长的推动下，增进产学联合的活动，叫作"professor for a day"，邀请旅游专业博士到大学教室为旅游及酒店管理专业学员们做演讲，"每日教授"（PFD）作为旅游专业博士知识转移的桥梁或者中介机制，其意义不仅在大学课程中培养一个学习和实践的社区、增强体验式学习两个方面（Xiao，Huang，Hung，Liu，& Tse，2018），而且将旅游专业博士学习之经验通过这样的方式转移到后续的学习者。

旅游专业博士生有机会在博士就读期间，更多是取得博士学位后被学院邀请进入课堂，分享自己博士学习的经验和体会，这成为知识转移的方式之一。笔者在就读 D.HTM 期间，聆听了葛继宏、郑溯、金浏河的分享，他们向我们这些后来者介绍了他们论文选题、学习经验等方面的分享，对笔者后续学习，特别是完成论文的选题、开题特别有帮助。两年后，笔者有幸成为分享者之一，先后在 HTM 的《文化旅游》和 D.HTM 的《定性研究》《亚洲范式》课堂上与同学们一同分享我对文化旅游、民族志研究方法和亚洲范式的理解和认知。

3.2 联合发表

学员和导师联合发表文章，也是旅游专业博士论文知识转移的方式之一。D.HTM 学员在导师的指导下，精雕细琢，最终形成学术文章与导师联合署名发表，这是 D.HTM 课程一大特色。老师们甘为人梯，这些学术文章，打开了学员步入学术殿堂之门，增强了学员学术研究的热情。

例如，向科衡与 2019 级同班同学高帆、赖勤在老师 Sabrina HUANG（黄玮如）的指导下，以酒店常态化防疫为背景，以互动仪式链理论为基础，从酒店员工和住客的视角探索了 COVID-19 下主客互动的仪式化机制（Xiang，Huang，Gao，& Lai，2022）。这篇文章最终发表在《Annals of Tourism Research》。向科衡介绍说，"这个研究的延续，得益于"HTM6008 酒店与旅游管理研究研讨"

科目的小组作业，我们三位同学利用繁忙的工作间隙，进行学术研究，并能将研究与实践相结合，在任课老师 Sabrina HUANG 博士的悉心指导下，历经 10 个月，三轮修改，从原来提交作业的三万字，凝练到现在发表版本的 9000 字，最终于 2022 年 1 月被接收了"。

这篇文章的发表，体现了旅游专业博士将实践与学术融合的成果，凸显了旅游专业博士课程在深化产学研合作，复合型酒店及旅游业人才培养的优势。在向科衡这个课程论文中，他们课题小组运用了视频民族志、深度访谈和隐喻抽取技术，这些研究方法、技术手段和技巧对向科衡最后的博士论文奠定了很好的研究基础。毕业后，向科衡还以"读博期间多成果产出路径与技巧"为题，作为分享嘉宾在《智汇酒旅》云端向同学们分享和介绍了自己读博、科研的体会和经验。

此外，发表在旅游学刊的《儿童旅游研究综述》（冯晓虹，李咪咪，2016）、《千禧一代出境游目的地决策过程叙事研究——良机驱动的发现及其理论意义》（孙艳，李咪咪，李少华，叶颖华，2021）、《香港青少年国家认同与研学旅行》（吴巧凌，汤宁滔，李咪咪，2022）、《海外移民返乡家庭旅游的集体记忆和国家认同建构》（孙艳，李咪咪，肖洪根，2022）、《90 后出境旅游动机及价值追寻》（邢宁宁，杨双双，黄宇舟，李咪咪，汪京强，2018）等；还有在其他期刊发表的，如《基于旅游者视角的国家公园品牌形象测量模型研究》（马有明，李咪咪，2020）等。

3.3 其他方式

汪京强和黄昕①联合编写了《酒店数字化营销》和《酒店与旅游业客户关系管理——基于数字化运营》两本新教材，这两本是面向高等职业学校十四五规划酒店管理与数字化运营专业新形态的系列教材，具备内容前沿性、技术数字化、理实交融性，以及与行业紧密结合的特点。

杨永彪是最早一批关注中国酒店数字化转型的酒店人，他的研究为酒店数字化转型提供了一套切实可行的行动策略指南。如今杨永彪主导了某酒店及度假村数字化运营和开发，某酒店及度假村旗下酒店数字化营销风生水起。

---

① 黄昕博士是 D.HTM2013 年学员，其毕业论文以英文写作，故没有在本研究中出现。

　　赵晖（2020）选择了自主创业，专注于文旅酒店行业知识分享及资源整合，借助微信公众号、视频、抖音等新媒介，频频对文旅产业的发展发表、普及、传播文旅知识。

　　笔者熟悉的罗建基在读博期间，深入贵州苗寨扶贫支教 3 年；吴巧凌挂职湖南凤凰县，成为当地旅游形象宣传员，"Gloria 说凤凰"抖音视频号成为新的旅游宣传大使；陈茵、郭志刚等步入高校，成为双师型教师，为酒店及旅游人才培养做出自己的努力。葛继宏、郑溯、黄自强等为旅游发展积极建言献策。

　　D.HTM 博士生们还自发组织了纯公益性质的"中国结"博士讲师团，义务为老少边穷地区带去旅游及酒店管理相关知识和资源。"中国结"是一项D.HTM 博士和博士研究生自发组织的中国酒店和旅游行业讲师公益行动。笔者采访过该行动发起人、组织者，D.HTM 香港班 2010 级学员项卫，他告诉笔者，"中国结"是由 China Tourism Industry Educators 的英文首个字母构成，CHINA TIE- 中国结，寓意着通过 D.HTM 的公益行动，为老少边穷地区带去更多酒店及旅游业资讯，培训和辅导当地的旅游教育工作者，为当地旅游资源开放嫁接更多的信息、资源和智力帮扶。"中国结"在中国传统文化里是一个充满吉祥、喜庆、欢乐的象征性符号，为这项公益活动赋予了一个吉祥的名字、一个美好的寓意，D.HTM 用情怀将知识串联起来，为中国的旅游业发展集结更多的知识力量。

4. 小结

　　香港理工大学与浙江大学联合举办的 D.HTM 酒店及旅游管理专业博士课程自 2013 年开办以来，恰逢十年，近百位毕业生，在这样的节点对 D.HTM 酒店及旅游管理专业博士论文知识生产路径和应用意义做个总览式的回顾与反思，显然是必要的。

　　本章节是基于建构主义研究范式，站在旅游哲学思考的层面，对 88 篇D.HTM 博士论文所进行的研究做一次概览式的回顾，从知识生产路径和知识应用意义两方面对酒店及旅游管理专业博士论文内容分析的深入解读和反思。希望能见微知著，对 D.HTM 这一特殊的学术共同体有个更加全面、立体的认知。

博文概览易，见微知著难。

荀子在其《荀子·解蔽》篇中有极其精彩的论述，道尽了人类知识的本质："凡人之患，蔽于一曲，而闇于大理。……故为蔽：欲为蔽，恶为蔽，始为蔽，终为蔽，远为蔽，近为蔽，博为蔽，浅为蔽，古为蔽，今为蔽。凡万物异则莫不相为蔽，此心术之公患也。……夫道者体常而尽变，一隅不足以举之。曲知之人，观于道之一隅，而未之能识也。"在荀子看来，人在认识客观世界的过程中，通常都会存在只见其一不见其二的"蔽于一曲"的毛病。笔者很清楚以目前的笔力，想窥一斑而见全豹，难免陷入"蔽于一曲"认知误区，试图对 D.HTM 酒店及旅游管理专业博士论文的知识生产路径及应用意义有所洞见，显然是超出笔者的能力，笔者既纠结于自己的能力不足，恐难以驾驭这样的课题，又盼功到自然成，等待柳暗花明的那一刻。在纠结与等待中享受着这样的过程——思考的空间，写作的快感，甚至是表达的余地。

D.HTM 知识生产秉持着现实性、批判性和开放性三大理念，在知识的应用性和开放性上，香港理工大学和浙江大学两校联办酒店及旅游管理专业博士课程是创新性解决跨学科研究的制度困境的一次有益的尝试，D.HTM 课程契合了中国的政治、社会与文化语境，并产生一种内在的知识力量。

D.HTM 知识生产具有跨学科转移特点。后现代知识状态是跨学科研究转移的基本内核（张庆玲，2017），20 世纪末，人类知识生产发生了从科学型知识向文化型知识的转变，知识生产模式表现出知识生产的情境化、集体性和跨学科协同性，知识生产的主体多元性和组织多样性，知识生产的社会责任性和杂合式的质量控制标准等特征（吴立保，茆容英，吴政，2017）。知识的相对性、条件性、历史性、社会性不断被放大，所谓"内隐"形式的、无确定界限的知识，越来越成为新知识产生的源泉。诚如郭文和朱竑所说的，这将有利于丰富社会文化知识生产的表达方式，也有利于人们科学指导实践（郭文，朱竑，2020）。

D.HTM 坚持旅游研究与旅游实践同行。从国情和实践出发去建构理论，根据实践自身的归纳逻辑而非理论的演绎逻辑，在回答问题的过程中概念化去建构理论（戴斌，2022），致力于旅游理论的中国化（或本土化）和学术创新（曹诗图，2013），这既是旅游学术研究自信更是学术研究自觉之体现。

　　D.HTM 知识的应用，还体现了人文的温暖。旅游活动和现象具有社会性、文化性特点，因此只有将旅游现象看作是具有普适性的人文现象来研究，才有可能建立起一套具有特有的概念、原理、命题、规律等所构成的严密的逻辑化的理论体系（知识体系）和具有一定的学科知识产生方式和研究范式（方法论），从而最终构建起真正属于旅游学的学科体系（张凌云，2012），这样的温暖体现在对海外返乡游的叙事与记忆中，反映在对汉族群中少数群落的身份认同里，凸显在对表演类非遗文化的活化传承。这样的温暖体现在乡村振兴、旅游开发土地政策、传统村落文化价值、民宿的幸福感、老年人积极老龄化的退休生活；这样的温暖体现在游客价值共创、体现在工业旅游绿色开发、体现在儿童消费者社会化的探究。D.HTM 洋溢着浓浓的人文的温暖。

　　知识之普遍必然性的问题是在康德《纯粹理性批判》中要解决的主要问题。其实是本体论的问题，即致力于解答事物是什么、什么样和为什么的问题。旅游研究必然需要自觉地用"旅游学"的视角来审视旅游的本质和内容并构建旅游学科体系（谢彦君，2010）。在本体论上，对旅游是什么的问题存在两种视角。一类是宏观的社会和经济视角，或是世界旅游组织的技术性定义；另一类则从微观的人与行为出发，典型的有谢彦君的愉悦论，曹诗图的异地身心自由论，张凌云的非惯常环境论，以及杨振之提出的诗意地栖居。两者视角对旅游现象的解读是不一样的，应用的理论也不尽相同。虽然同一个现象总是具有多面的功能及形象，关键不在于研究者采用哪一种理论去切入，思维的角度和方式不应该成为迎合理论的工具，不能以理论为先行原则而让事实削足适履，而是应以一种客观的态度来发现和陈述事实本身（谢彦君，孙娇娇，2017），这就需要我们在看待旅游现象时，需要有更多的哲学思考的视角。以旅游概念为逻辑起点，以旅游本质为核心，以旅游现实问题为研究内容，用哲学理论指导旅游实践，运用多学科、跨学科的方法，从本体论、认识论、价值论、实践论上对包括旅游本质等旅游学的基本问题深入探讨，走出一条中国国情与实际的旅游知识生产与应用的新路径（见图 5-2）。

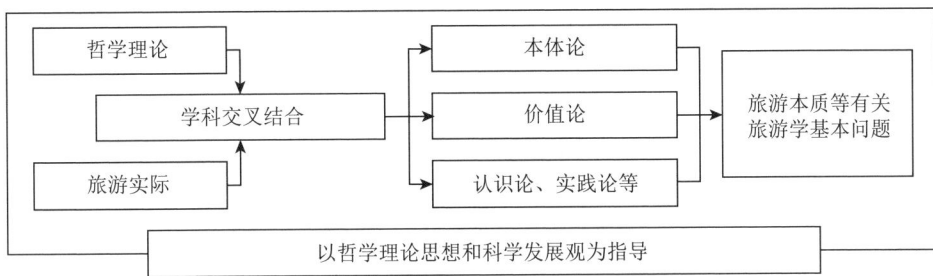

图 5-2 哲学视野的旅游研究的逻辑思路（曹诗图，2013）

在知识管理研究中探索实践社区中个人的知识创造、互动和实践是未来研究的趋势（Jakubik，2011）。D.HTM 博士论文知识生产路径是社会实践与科学研究相结合的学术成果的具体呈现，是在中国化研究情境下对酒店及旅游管理实践的科学研究，或突破了原有理论，或新建构了测量量表和研究模型，或采用了新的研究策略和方法，具有相当的学术造诣，科研成果可量化、可实践、可检测。

笔者在本章节提出了对旅游知识观的理解。

旅游知识观确立了旅游知识体系的建构和学术地位。如图 5-3 所示，旅游知识观是在知识社会学视角下对酒店及旅游业知识的一个总体性的概览。旅游知识观是由旅游的本体论、价值论和实践论构成。基于对旅游本体的认知，赋予了酒店及旅游业存在的价值；人与人、人与地、地与地之间的相互作用、互相勾连构筑了生活世界、旅游世界和网络世界，呈现的是旅游实践活动的人相、众生相、种种相，凸显了酒店及旅游业的价值，同时伴随着旅游知识的生产与应用，由此建构了酒店及旅游业的知识观。金岳霖先生在《知识论》中明确指出，知识的对象是普遍的理[1]。旅游观所谓的普遍的理，是人们认识酒店及旅游业价值的根本原则，具有普遍性。旅游的本体论决定了旅游的普遍的理，即旅游是美好幸福生活方式具象呈现，无论是游历的美、体验的真，还是向往非惯常下的诗意栖息，都是人们追求自由的表达，tourism as freedom[2]，这样的旅游才是真正的"逍遥游"。

---

① 《知识论》上册，金岳霖，2010 年，商务印书馆。
② 保继刚老师曾在学界五人对话中对"旅游是自由"的问题发问。见《旅游学纵横》2016 年版。

旅游知识观

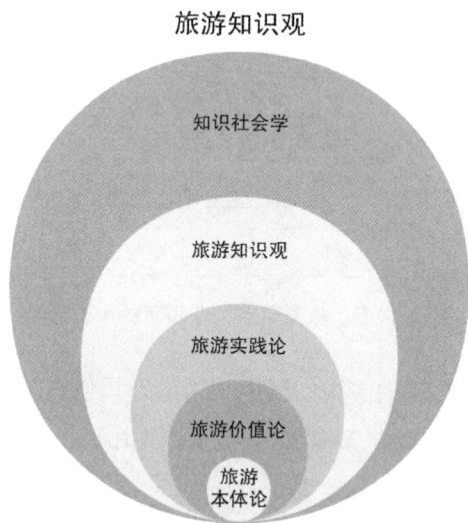

图5-3 知识社会学视域下旅游知识观的建构

在庄子的《逍遥游》里，"北冥有鱼，其名为鲲。鲲之大，不知其几千里也；化而为鸟，其名为鹏。鹏之背，不知其几千里也；怒而飞，其翼若垂天之云"，庄子把我们带到一个神秘而魔幻的世界：北方洪荒之中有一种非常大的鱼叫做鲲。可是现在它忽然化成了鸟，名字叫鹏。鹏的背有几千里之长，努力飞起来的时候，它张开的翅膀，好像整个天空都被云层遮蔽。庄子希望用魔幻世界的景象，打破我们对时间、空间的狭隘看法。"怒而飞"，让笔者有一种莫名的感动，我想要怒放的生命，就像飞翔在辽阔的天空。我想要怒放的生命，就像穿行在无边的旷野。尽管曾经多少次跌倒在路上，尽管曾经多少次折断过翅膀，但如今的我已不再感到彷徨 [①]——我想超越这平凡的奢望，我想要怒放的生命——人们总是想要超越身体的限制，超越时空的束缚，旅游带来了"怒而飞"的自由，这就叫做"逍遥"，旅游"怒而飞"的自由，超越了学科的限制和束缚，旅游不再仅仅被局限于一个学科的领域，更是站在了社会学发展的历史唯物主义知识视角看旅游学科的发展和未来。逍遥是自由的，既是身体的自由，更是精神的自由；"游"过程中的所见、所闻、所听、所想、所悟让人的身心"怒而飞"，超越了时空，这样的自由是对真的探寻、对美的追寻、对善

---

① 引用汪峰的歌曲《怒放的生命》。

的找寻。探、追、找是旅游实践论的主基调，寻的缘由、寻的过程、寻的结果是旅游的意义表现，对"寻"的孜孜不倦是旅游研究学术共同体最透彻的理解。

旅游知识观是"自由"的，自由决定了旅游研究的开放性和包容性。旅游已然成为人们社会生活方式的一部分，嵌入生活的方方面面，这为旅游学研究带来了丰厚的田野和知识学养，旅游学者可以自由地选择自己感兴趣的研究对象。"旅游是什么"在知识社会学视角下显得不那么重要，研究者不妨将研究视域放在旅游带来了什么、旅游改变了什么。带来和改变就是"意义"之所在。这样"有存在"的本体论才是有根的本体论，对旅游本体论的探究不论是"体验说""非惯常环境说""诗意栖息说"还是"游历说"都能殊途同归，聚焦于对旅游知识生产和应用的"意义"的探究。旅游知识生产和应用的意义其实是对人生意义的思考，对真善美的追求。旅游是那么美！因为旅游是"自由"的、"平滑"的，也是真的、善的和美的。

旅游知识生产是基于社会实践的对旅游科学的研究，凸显了旅游学科应用属性和实践属性。旅游学一直都在探索"旅游是如何与社会联结的"这么一个对现代社会至为重要的问题——旅游知识观将引导人们探寻各种旅游现象背后的隐秘的关联，并试图建立的是对旅游世界、生活世界和网络世界的普遍的理解性理论。在这样的研究过程中，我们每个人的生活体验和内心疑惑，都可能被激活、引发而成为有意义的问题意识，当然也可能转化为研究者持续的探究动力。

旅游知识树（见图5-4）是旅游学研究成果可视化的直观呈现。旅游知识树其根在社会科学，地理学、人类学、历史学、管理学、经济学等为分支，旅游学特有的包容性、借他性，为旅游研究带来了多学科和跨学科知识的嫁接或扦插而另发新枝，枝繁而叶茂。科学技术的进步不仅带来了社会的变迁与流动，还带来了研究范式的转移。范式的转移，是一次"激进的变化"。这个变化的本质是扬弃，是冲破旧的束缚。范式的转移，带来了创新和突破，并用一个新概念（我姑且用"新概念"来表达）来诠释、解析对旅游现象所呈现的意义，这个诠释、解析往往也带来了知识的转移和创新。

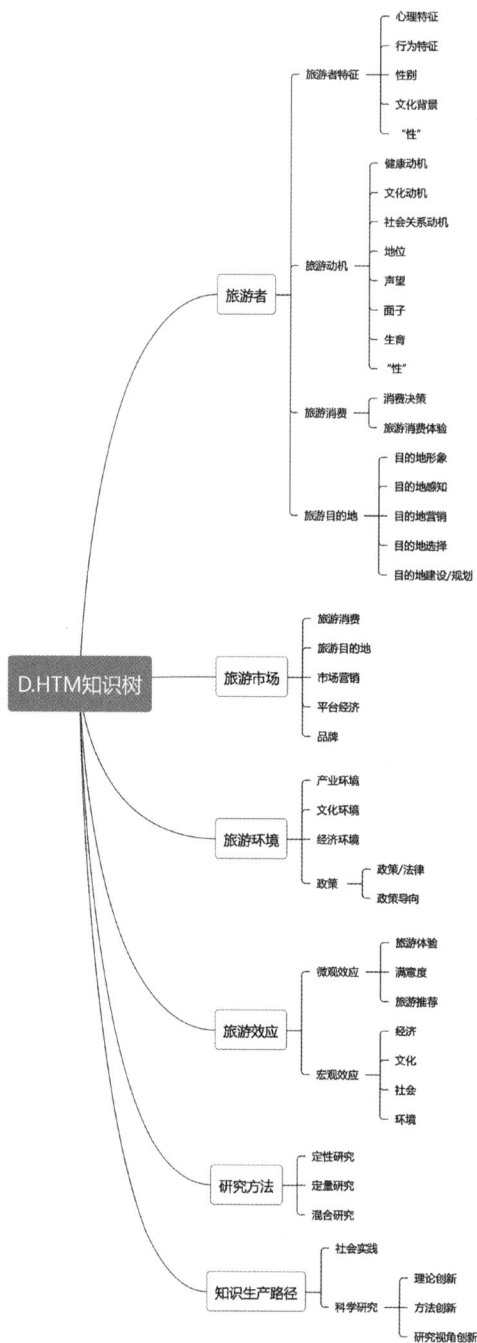

图 5-4 D.HTM 博士论文"知识树"

　　酒店及旅游业知识生产路径和知识与科学的生产路径是一致的，旅游的科学性毋庸置疑，是科学研究与社会实践的结合。酒店及旅游业应用性、实践性属性，为旅游知识本土化带来了更多的学术滋养和丰厚的田野。旅游知识生产本土化是将旅游理论运用于具体研究情境下的旅游知识生产及应用最好的表达，大可不必纠结于旅游学科的地位或质疑旅游学的科学性，知识社会学视域下的旅游知识体系的建构，足以让旅游人自信和自豪。

后　记

对知识的研究一直是社会学的优良传统。社会学的创始人孔德最早把社会发展阶段和知识发展阶段对应起来考察，开启了知识研究的先河。法国社会学家涂尔干进行了大量知识演化的研究；德国社会学家韦伯、舍勒、卡尔·曼海姆等关于知识的论述，对知识问题的研究成为一门专门的学问——知识社会学。到了 20 世纪 30 年代，以英国学者默顿的《十七世纪英国的科学、技术与社会》的研究为代表，专门以科学知识为研究对象的科学社会学开始出现，推动了人们对知识的认识。旅游学作为社会学的一分子，对旅游知识的研究并没有缺位，Jafari、Tribe、Xiao & Smith 等的研究，推动了旅游知识和旅游理论的建构。

本书是基于建构主义研究范式，站在旅游哲学思考的层面，从知识生产路径和知识应用两个方面，对酒店及旅游管理专业博士论文的科学研究和社会实践做个系统的梳理和分析"研究专业的人员"的知识贡献，可以说是延续了这样的优良传统。

本书研究的样本仅是 D.HTM 用中文写作的博士论文，样本仍缺乏更广泛的代表性，无法涵盖香港理工大学对旅游博士教育的理解、认知和科研成果。未来的研究，可以就酒店及旅游管理博士生共同的研究问题，将 D.HTM 中英文论文文本做个横向的对比研究；也可以选择和如南京大学、浙江大学、中山大学等国内旅游高等教育的佼佼者的博士研究生论文做个横向对比研究。我想，这样的研究是必要的，有意义的。

香港理工大学和浙江大学联合举办的酒店及旅游管理专业博士课程，是目前国内唯一的酒店及旅游管理专业博士学位课程，自 2013 年开办 10 年来，笔者首次对近百位博士毕业生的学术研究最主要的成果学位论文做系统的内容分析，与其说是博文概览，倒不如说是让我有机会再次向优秀的 88 位酒店及旅游管理专业博士学习，再次品味 D.HTM 独有的气质；与其说是见微知著，倒不如说是我期待能像海绵一样吸附更多 D.HTM 优秀的基因，让自己更加丰满些。

　　笔者在题记中，将自己比作那个心灵饥饿的旅行者。心灵的饥饿，是我渴望获取更多的"知识"，并充分享受知识带给我的乐趣，知识的滋养得以抚慰心灵。

　　我是 2020 年获得 D.HTM 博士学位的。我很庆幸，自己能在 2017 年春暖花开的日子做出了人生最正确的选择——选读 D.HTM，这样的选择，让我脱胎换骨；我很庆幸，自己能在 2020 年五十岁硕果金秋生日的那天，收获老张家族第一张博士文凭，聊以告慰父亲的在天之灵；我很庆幸，自己能在疫情施虐前完成博士学业，已知天命之躯和年轻的伙伴们再次步入学堂，与 24 位优秀的酒店及旅游业同道者携手前行。我很庆幸，自己能恰遇良师顿悟开，从一个探知未知世界的懵懂蓬蒿，在学术殿堂排遣冥筌中，蜕变为一个更具有知性、理性、情怀的"学术探究者"。正因为心灵的饥饿，让我愿意从一个酒店职业经理人琐碎的、繁杂的、忙碌的惯常环境中慢慢地静下来，观察、思考、记录和探究工作或者旅游中的"现象"。我庆幸自己始终拥有一颗好奇心，照亮我思考和前行。

　　哲学和科学源于学者的好奇心和惊奇，旅游学术研究也应如是。我的好奇带来了惊喜，不断获取知识的旅行者的心灵得到了抚慰，其本质就在于它善于在不确定性中寻求问题的解决，并逐渐形成了它独特的问题解决策略和观念。格雷本倾向于将旅游视为一种仪式（Nash，1984），旅游作为神圣的"朝圣"活动，是一种"超结构"现象（superstructural phenomenon），这样的"超结构"给旅游带来了更多思考的空间。旅游作为一种社会现象，嵌入在特定的社会经济文化政治系统中，我们不能孤立割裂地就旅游来看旅游，而应整体地（holistic）看待旅游现象，旅游的魅力就在于对答案的开放性态度。从 D.HTM 酒店及旅游管理专业博士论文对旅游现象的剖析，从个体行为上看，是一种经验、学习体验；从社区或社群角度看，是一种社会发展或社会变迁；从组织、机构或效益上看，是一种经营理念或管理思想，其所具有的文化属性和社会化特征，成为旅游理论建构的立足点和核心内涵之一（马波，2017）。

对旅游的认知的产生，既需要想象力，也需要理解力。我非常坚信，旅游行业和旅游现象所代表的生命力是旅游研究最坚实的基础，尽管"旅游是什么"仍是一个至今尚未形成共识的话题，但它又是一个影响大家共同对话基础的基本概念。海德格尔认为，从"存在"出发建立的本体论才是"有根的本体论"，所追问的不是"存在"，而是"存在者"；回答的又不是存在者"怎样"，而是存在者是"什么"。无论是从旅游者角度出发的，对动机、体验、情感所进行的研究，还是从东道主居民出发的，对主客关系、文化和价值观进行的研究，都蕴含着人类社会赋予普遍个体的价值判断——对真善美的追求（杨振之，2022）。

旅游是美的！被美包围着，就是生活在乌托邦。旅游的终极目标是寻找到本真的自我，其价值已超越了旅游本身（杨振之，2022），我徜徉在探知旅游知识的旅行，就是进入了自己的心灵乐园、人生的乌托邦，这种美会产生积极的享受，我很享受这样的过程。康德的墓碑上刻着，"有两种东西，我对它们的思考越是深沉和持久，它们在我心灵中唤起的惊奇和敬畏就会日新月异、不断增长，这就是我头上的星空和心中的道德法则"。我愿意并享受着对旅游深沉和持久的思考。旅游是那么美，邀人停留，我仍只是在学术研究殿堂外徘徊，在徘徊中获得旅行的整体意义和超越性地反思人的存在（马凌，2022），在时空的变化与流动下，游历的停留征服了时间。我就是那个心灵饥饿的旅行者，既仰望星空，又脚踏实地，旅游啊，"停留一会吧，你太美了！"

我还想说……

19 世纪，德国诗人荷尔德林有一首短诗《人，诗意的栖居》，诗未必太有诗意，但"诗意的栖居"的提法颇富诗意。这首诗，与其说是对诗的贡献，不如说是对哲学思想的贡献。我也希望能诗意地栖息。多年习练太极，让我体会到，"适当慢些很重要"。当下，太快了，时代裹挟着我们，让我们失去了很多思考和欣赏的时间。

"真情像草原广阔，层层风雨不能阻隔，总有云开日出时候，万丈阳光照耀你我。……爱我所爱无怨无悔，此情常留心间。"

与其说是《一剪梅》这首歌曾无数次打动我，倒不如说这首歌一直让我感动着。我第一次听这首歌是我老家的乡村中学初三 8 班班主任林老师唱的。那年，我以全省唯一语文满分的成绩考上县一中，林老师弹着吉他，为我庆祝。天地是舞台，演员只有学生和老师，观众是那风、那小树。那是永远抹不去的记忆：那时我才 15 岁，经历了父亲身患重疾的打击，经历了寄人篱下的哀怨，经历了人间冷暖的历练，经历了世态炎凉的感伤。是我这位初三（8）班班主任，刚师范毕业的林老师给了我最大的关爱和指导，让我走出自闭、自卑、自怜的状态。从城市回到农村中学，我开始非常刻苦地学习，从学习中找到了快乐，找到了自信，找到了自我。

林老师说，教书育人是他的最爱，"爱我所爱，无怨无悔"。

爱我所爱，无怨无悔。我也爱我从事的旅游事业，静待山花烂漫时。

本书即将定稿付梓，我实难掩内心的激动和感慨。我特别感谢洪根老师、咪咪老师为本研究提出的非常具体、坦诚、富有建设性的写作思路和修改建议；特别感谢 D.HTM 课程主任肖曲博士对本研究的支持；感谢金浏河博士、刘欣茹博士、史风霞博士在我书写过程中的帮助，感谢提供论文素材的 87 位博士校友，这些老师和卓越校友的支持和鼓励，激励我一直前行。

"天地有大美而不言"，我在乡下的酒店，小是小点，但能面朝大海，每天都是春暖花开。

参考文献

［1］A.J.Veal. 休闲与旅游研究方法［M］. 聂小荣，丁丽军，译. 北京：中国人民大学出版社，2008.

［2］Afifi，G. M. H. Tourism as the Subject of Doctoral Theses in Egypt，1975–2008. Anatolia，2009，20（2）：387–400.

［3］Airey，D Tourism Education. Téoros：Revue de recherche en tourisme，2008，27（1）.

［4］Airey，D. 40 years of tourism studies – a remarkable story. Tourism Recreation Research，2015，40（1）：6–15.

［5］Airey，D.，Tribe，J.，Benckendorff，P.，Xiao. The Managerial Gaze. Journal of Travel Research，2014，54（2）：139–151.

［6］Ajanovic，E.，Çizel，B. How interdisciplinarity helps knowledge production：Reflections on a doctoral dissertation. Journal of Hospitality，Leisure，Sport & Tourism Education，2021：28.

［7］Akar，E.，Topçu，B. An Examination of the Factors Influencing Consumers' Attitudes Toward Social Media Marketing. Journal of Internet Commerce，2011，10（1）：35–67.

［8］Allen，C. M.，Smyth，E. M.，Wahlstrom，M. Responding to the Field and to the Academy：Ontario's evolving PhD. Higher Education Research & Development，2010，21（2）：203–214.

［9］Andreasen，A. R. Marketing Social Marketing in the Social Change Marketplace. Journal of Public Policy & Marketing，2002，21（1）：3–13.

［10］Andrews，J. F. Benefits of an ED.D Program in Deaf Education：A Survey. American annals of the deaf（Washington，D.C.1886），2003，148（3）：259–

266.

[11] Aramberri, J.. 旅游学研究：尚不可靠的理论基础 [J]. 谢彦君，译. 旅游学刊，2003，18（2）：24-29.

[12] Babbie, E.. 社会研究方法（第十一版）[M]. 邱泽奇，译. 北京：华夏出版社，2009.

[13] Ballantyne, R., Packer, J., Axelsen, M. Trends in Tourism Research. Annals of Tourism Research，2009，36（1）：149-152.

[14] Banerjee, S., & Morley, C. Professional Doctorates in Management：Toward a Practice-Based Approach to Doctoral Education. Academy of Management Learning & Education，2013，12（2）：173-193.

[15] Bao, J. Tourism geography as the subject of doctoral dissertations in China，1989-2000. Tourism Geographies，2002，4（2）：148-152.

[16] Bao, J., Chen, G., Ma, L. Tourism research in China：Insights from insiders. Annals of Tourism Research，2014，45：167-181.

[17] Becher, T. The significance of disciplinary differences. Studies in Higher Education，1994，19（2）：151-161.

[18] Beesley, L. Multi-level complexity in the management of knowledge networks. Journal of Knowledge Management，2004，8（3）：71-100.

[19] Beesley, L. G. A., Cooper, C. Defining knowledge management（KM）activities：towards consensus. Journal of knowledge management，2008，12（3）：48-62.

[20] Belone, L., Lucero, J. E., Duran, B., Tafoya, G., Baker, E. A., Chan, D., ... Wallerstein, N. Community-Based Participatory Research Conceptual Model：Community Partner Consultation and Face Validity. Qual Health Res，2016，26（1）：117-135.

[21] Benckendorff, P., Zehrer, A. A Network Analysis of Tourism Research. Annals of Tourism Research，2013，43：121-149.

[22] Botterill, D. The epistemology of a set of tourism studies. Leisure Studies，2001，20（3）：199-214.

[23] Botterill, D., Haven, C., Gale, T. A survey of doctoral theses accepted by universities in the UK and Ireland for studies related to tourism，1990-1999. tourist

studies, 2002, 2 (3): 283-311.

[24] Bourner, T., Bowden, R., Laing, S. Professional Doctorates in England. Studies in Higher Education, 2001, 26 (1): 65-83.

[25] Bourner, T., Bowden, R., Laing, S. Professional Doctorates in England. Studies in Higher Education, 2010, 26 (1): 65-83.

[26] Bramwell, B., & Lane, B. The "critical turn" and its implications for sustainable tourism research. Journal of Sustainable Tourism, 2014, 22 (1): 1-8.

[27] Brun, C. The Process and Implications of Doing Qualitative Research: An Analysis of 54 Doctoral Dissertations. Journal of Sociology and Social Welfare, 1997, 24 (4): 95-112.

[28] BRUNER, E. M. Abraham Lincoln as Authentic Reproduction: A Critique of Postmodernism. American Anthropologist, 1994, 96 (2): 397-415.

[29] Bujdosó, Z., Dávid, L., Tőzsér, A., Kovács, G., Major-Kathi, V., Uakhitova, G., ... Vasvári, M. Basis of Heritagization and Cultural Tourism Development. Procedia-Social and Behavioral Sciences, 2015, 188: 307-315.

[30] Canosa, A., Moyle, B. D., Moyle, C.-l., Weiler, B. Anthropology and sociology in tourism doctoral research. tourist studies, 2018, 18 (4): 375-398.

[31] Carr, N., & Hayes, S. An analysis of trends in Ph.D. research in tourism. Tourism Recreation Research, 2017, 42 (1): 32-44.

[32] Charles, M., Farr-Wharton, B., von der Heidt, T., Sheldon, N. Evaluating Perry's structured approach for professional doctorate theses. Education + Training, 2017, 59 (2): 215-230.

[33] Cheer, J. M., Reeves, K. J., Laing, J. H. Tourism and Traditional Culture: Land Diving in Vanuatu. Annals of Tourism Research, 2013, 43: 435-455.

[34] Cohen, E., & Cohen, S. A. Current sociological theories and issues in tourism. Annals of Tourism Research, 2012, 39 (4): 2177-2202.

[35] Coles, T., Hall, C. M., Duval, D. T. Tourism and Post-Disciplinary Enquiry. Current Issues in Tourism, 2008, 9 (4-5): 293-319.

[36] Connell, J., Lowe, A. Generating Grounded Theory from Qualitative Data. PROGRESS IN TOURISM AND HOSPITALITY RESEARCH, 1997, 3: 165-173.

［37］Costley，C.，Armsby，P. Research influences on a professional doctorate. Research in Post-Compulsory Education，2007，12（3）：343-355.

［38］Costley，C.，Armsby，P. Work-based learning assessed as a field or a mode of study. Assessment & Evaluation in Higher Education，2007，32（1）：21-33.

［39］Costley，C.，Lester，S. Work-based doctorates：professional extension at the highest levels. Studies in Higher Education，2012，37（3）：257-269.

［40］Crawford-Welch，S.，McCleary，K. W. An identification of the subject areas and research techniques used in five hospitality-related journals. Hospitality Management，1992，11（2）：155-167.

［41］Creswell，J. W.. 混合方法研究导论［M］. 李敏谊，译. 上海：格致出版社，2015.

［42］Dann，G.，Nash，D.，Pearce，P. Methodology in Tourism Research. Annals of Tourism Research，1988，15：1-28.

［43］Das，A.，Handfield，R. B. A meta-analysis of doctoral dissertations in purchasing. Journal of Operations Management，1997，15（2）：101-121.

［44］Doncaster，K.，Lester，S. Capability and its Development：Experiences from a work-based doctorate. Studies in Higher Education，2002，27（1）：91-101.

［45］Dreher，H. M.，Smith Glasgow，M. E. Global perspectives on the professional doctorate. Int J Nurs Stud，2011，48（4）：403-408.

［46］Du，J. Reforms and Development of Higher Tourism Education in China. Journal of Teaching in Travel & Tourism，2003，3（1）：12.

［47］Echtner，C. M.，Jamal，T. B. The Disciplinary Dilemma of Tourism Studies. Annals of Tourism Research，1997，24（4）：868-883.

［48］Ellis，L. Academics' perceptions of the professional or clinical doctorate：findings of a national survey. Journal of Clinical Nursing，2007，16（12）：2272-2279.

［49］Ellis，L. B.，Lee，D. N. The changing landscape of doctoral education：Introducing the professional doctorate for nurses. Nurse Educ Today，2005，25（3）：222-229.

［50］Feighery，W. G. Consulting ethics. Annals of Tourism Research，2011，38（3）：1031-1050.

［51］Fenge，L. A. Sense and sensibility：making sense of a Professional Doctorate. Reflective Practice，2010，11（5）：645-656.

［52］ Fink，D. The Professional Doctorate：Its Relativity to the PhD and Relevance for the Knowledge Economy. International Journal of Doctoral Studies，2006，1：35-44.

［53］ French，J. L.，Raykovitz，J. Dissertation research in school psychology，1978-1980. Journal of School Psychology，1984，22：73-82.

［54］ Fullagar，S.，Wilson，E. Critical Pedagogies：A Reflexive Approach to Knowledge Creation in Tourism and Hospitality Studies. Journal of Hospitality and Tourism Management，2012，19（1）：1-6.

［55］ Gregory，M. Implications of the Introduction of the Doctor of Education Degree in British Universities：can the EdD reach parts the PhD cannot? The Vocational Aspect of Education，1995，47（2）：177-188.

［56］ Gretzel，U.，Sigala，M.，Xiang，Z.，Koo，C. Smart tourism：foundations and developments. Electronic Markets，2015，25（3）：179-188.

［57］ Gu，H.，Kavanaugh，R. R.，Cong，Y. Empirical Studies of Tourism Education in China. Journal of Teaching in Travel & Tourism，2007，7（1）：3-24.

［58］ Hall，C. M.，Page，S. J. Progress in Tourism Management：From the geography of tourism to geographies of tourism – A review. Tourism Management，2009，30（1）：3-16.

［59］ Hall，R.，Andriani，P. Managing knowledge associated with innovation. Journal of Business Research，2003，（56）：145-152.

［60］ Halse，C.，& Mowbray，S. The impact of the doctorate. Studies in Higher Education，2011，36（5）：513-525.

［61］ Hjalager，A.-M. A review of innovation research in tourism. Tourism Management，2010，31（1）：1-12.

［62］ Horgan，D. Child participatory research methods：Attempts to go 'deeper'. Childhood，2016，24（2）：245-259.

［63］ Howells，J.，Bessant，J. Introduction：Innovation and economic geography：a review and analysis. Journal of Economic Geography，2012，12（5）：929-942.

［64］ Hsu，C. H. C. Tourism education on and beyond the horizon. Tourism Management Perspectives，2018，25：181-183.

［65］ Huang，S. Tourism as the Subject of China's Doctoral Dissertations. Annals of

Tourism Research, 2011, 38（1）: 316-319.

[66] Hutchinson, A., Lovell, A. Participatory action research: moving beyond the mental health 'service user' identity. J Psychiatr Ment Health Nurs, 2013, 20（7）: 641-649.

[67] Insch, G. S., Moore, J. E., Murphy, L. D. Content analysis in leadership research. Leadership Quarterly, 1997, 8（1）: 1-25.

[68] J. Alexander, M., Beveridge, E., C. MacLaren, A., D. O'Gorman, K. Responsible drinkers create all the atmosphere of a mortuary. International Journal of Contemporary Hospitality Management, 2014, 26（1）: 18-34.

[69] Jack, E. P., Stephens, P. R., Evans, J. R. An Integrative Summary of Doctoral Dissertation Research in Quality Management. Production and Operations Management, 2009, 10（4）: 363-382.

[70] Jackson, C. Changing Practices of Doctoral Education-Edited by David Boud and Alison Lee. British Journal of Educational Studies, 2009, 57（3）: 339-341.

[71] Jafari, J., Aaser, D. Tourism as the Subject of Doctoral Dissertations. Annals of Tourism Research, 1988, 15: 407-429.

[72] Jakubik, M. Becoming to know.Shifting the knowledge creation paradigm. Journal of Knowledge Management, 2011, 15（3）: 374-402.

[73] Johnson, D. Assessment matters: some issues concerning the supervision and assessment of work-based doctorates. Innovations in Education and Teaching International, 2005, 42（1）: 87-92.

[74] Johnston, S. Examining the examiners: An analysis of examiners' reports on doctoral theses. Studies in Higher Education, 1997, 22（3）: 333-347.

[75] Kang, M., Schuett, M. A. Determinants of Sharing Travel Experiences in Social Media. Journal of Travel & Tourism Marketing, 2013, 30（1-2）: 93-107.

[76] Kim, Y., Lin, P. M. C., Qiu, H. Experiential Learning: Being a Real-Event Planner. Journal of Teaching in Travel & Tourism, 2015, 15（4）: 382-401.

[77] Kot, F. C., & Hendel, D. D. Emergence and growth of professional doctorates in the United States, United Kingdom, Canada and Australia: a comparative analysis. Studies in Higher Education, 2012, 37（3）: 345-364.

[78] Lam, T., Xiao, H. Challenges and constraints of hospitality and tourism education

in China. 2000, 12（5）: 6.

［79］Laws, E., Scott, N. Tourism research: building from other disciplines. Tourism Recreation Research, 2015, 40（1）: 48-58.

［80］Lee, A., Brennan, M., Green, B. Re-imagining doctoral education: Professional Doctorates and beyond. Higher Education Research & Development, 2009, 28（3）: 275-287.

［81］Lee, M. J., Dopson, L. R., Ko, S. Graduate Study in Hospitality Management in the United States: Doctoral Programs. Journal of Hospitality & Tourism Education, 2017, 29（1）: 25-34.

［82］Leiper, N., Ltd, E. Towards a Cohesive Curriculum Tourism the Case for a Distinct Discipline. Annals of Tourism Research, 1981, 8（1）: 69-84.

［83］Lekwa, A., Ysseldyke, J. Dissertation Research in School Psychology: Changes in Topics and Methodology Over the Past 25 Years. Journal of Applied School Psychology, 2010, 26（1）: 17-37.

［84］Lester, S. Conceptualizing the practitioner doctorate. Studies in Higher Education, 2004, 29（6）: 757-770.

［85］Lester, S., Costley, C. Work-based learning at higher education level: value, practice and critique. Studies in Higher Education, 2010, 35（5）: 561-575.

［86］Li, M. Cross-Cultural Tourist Research: A Meta-Analysis. Journal of Hospitality & Tourism Research, 2012, 38（1）: 40-77.

［87］Lian, T., Yu, C., Wang, W., Yuan, Q., Hou, Z. Doctoral Dissertations on Tourism in China: A Co-Word Analysis. Knowledge Organization, 2016, 43（6）: 440-461.

［88］MacKay, K. J., Fesenmaier, D. R. PICTORIAL ELEMENT OF DESTINATION IN IMAGE FORMATION. Annals of Tourism Research, 1997, 24（3）: 537-565.

［89］Mackinder.H.J. 历史的地理枢纽［M］. 林尔蔚, 陈江, 译. 北京: 商务印书馆, 2010.

［90］MacLennan, H., Piña, A., Gibbons, S. Content analysis of DBA and PhD dissertations in business. Journal of Education for Business, 2018, 93（4）: 149-154.

［91］ Mariani，M.，& Baggio，R. The relevance of mixed methods for network analysis in tourism and hospitality research. International Journal of Contemporary Hospitality Management，2020，32（4）：1643−1673.

［92］ Matsuo，M.，Aihara，M. Effect of a community of practice on knowledge sharing across boundaries：the mediating role of learning goals. Journal of Knowledge Management，2022，26（1）：1−16.

［93］ Maxwell，T. From First to Second Generation Professional Doctorate. Studies in Higher Education，2003，28（3）：279−291.

［94］ McKercher，B.，Ho，P. S. Y. Assessing the Tourism Potential of Smaller Cultural and Heritage Attractions. Journal of Sustainable Tourism，2006，14（5）：473−488.

［95］ Meyer-Arendt，K. J.，Justice，C. Tourism as the Subject of North American Doctoral Dissertations，1987−2000. Annals of Tourism Research，2002，29（4）：1171−1174.

［96］ Molina-Azorín，J. F. The Use and Added Value of Mixed Methods in Management Research. Journal of Mixed Methods Research，2010，5（1）：7−24.

［97］ Nash，D. The Ritualization of Tourism：Comment on Graburn's The Anthropology of Tourism. Annals of Tourism Research，1984，11：503−522.

［98］ Nelson，J. K.，Coorough，C. Content Analysis of the PhD Versus EdD Dissertation. The Journal of Experimental Education，1994，62（2）：158−168.

［99］ Neumann，R. Doctoral Differences：Professional doctorates and PhDs compared. Journal of Higher Education Policy and Management，2005，27（2）：173−188.

［100］ Oetzel，J. G.，Wallerstein，N.，Duran，B.，Sanchez-Youngman，S.，Nguyen，T.，Woo，K.，... Alegria，M. Impact of Participatory Health Research：A Test of the Community-Based Participatory Research Conceptual Model. Biomed Res Int，2018：7281405.

［101］ Perry，C. A structured approach to presenting theses：notes for Students and Their Supervisors. Australasian Marketing Journal，1998，6（1）：63−86.

［102］ Poole，B. Doctorateness and the DBA：what next? Higher Education，2018，8（2）：211−223.

［103］ Raymond J. Goodman，J.，Sprague，L. G. Meeting the Industry's Needs. THE

CORNELL H.R.A. QUARTERLY, 1991: 4.

[104] Ruhanen, L., Cooper, C. Applying a Knowledge Management Framework to Tourism Research. Tourism Recreation Research, 2015, 29 (1): 83-87.

[105] Ruhanen, L., Weiler, B., Moyle, B. D., McLennan, C.-l. J. Trends and patterns in sustainable tourism research: a 25-year bibliometric analysis. Journal of Sustainable Tourism, 2015, 23 (4): 517-535.

[106] Ryan, C. Future trends in tourism research – Looking back to look forward: The future of 'Tourism Management Perspectives'. Tourism Management Perspectives, 2018, 25: 196-199.

[107] Santos, M. M. C. d., Possamai, A. M. D. P., Marinho, M. F. Tourism Reserch: Overview of Doctoral Dissertaions Produced in Brazil From 2005-2007. Revista Brasileira de Pesquisa em Turismo, 2009, 3 (3): 3-33.

[108] Sharpley, R., Sundaram, P. Tourism: a Sacred Journey? The Case of Ashram Tourism, India. International Journal of Tourism Research, 2005, 7 (3): 161-171.

[109] Sheldon, P. J. An Authorship Analysis of Tourish Reserch. Annals of Tourism Research, 1991, 18: 473-484.

[110] Smith, S. L. J., Xiao, H., Nunkoo, R., Tukamushaba, E. K. Theory in Hospitality, Tourism, and Leisure Studies. Journal of Hospitality Marketing & Management, 2013, 22 (8): 875-894.

[111] Stergiou, D., Airey, D., Riley, M. Making sense of tourism teaching. Annals of Tourism Research, 2008, 35 (3): 631-649.

[112] Styhre, A. Rethinking Knowledge: A Bergsonian Critique of the Notion of Tacit Knowledge*. British Journal of Management, 2004, 15 (2): 177-188.

[113] Tashakkori, A., Creswell, J. W. Editorial: The New Era of Mixed Methods. Journal of Mixed Methods Research, 2007, 1 (1): 3-7.

[114] Thomas, R., Shaw, G., Page, S. J. Understanding small firms in tourism: A perspective on research trends and challenges. Tourism Management, 2011, 32 (5): 963-976.

[115] Tribe, J. Balancing the vocational: The theory and practice of liberal education in tourism. Tourism and Hospitality Research, 1999, 2 (1): 7-24.

［116］Tribe，J. The Concept of Tourism：Framing a Wide Tourism World and Broad Tourism Society. Tourism Recreation Research，1999，24（2）：75-81.

［117］Tribe，J. The Philosophic Practitioner. Annals of Tourism Research，2002，29（2）：338-357.

［118］Tribe，J. The truth about tourism. Annals of Tourism Research，2006，33（2）：360-381.

［119］Tribe，J.，Liburd，J. J. The tourism knowledge system. Annals of Tourism Research，2016，57：44-61.

［120］Tribe，J.，Xiao，H. Developments in tourism social science. Annals of Tourism Research，2011，38（1）：7-26.

［121］Truong，D.，Xiaoming Liu，R.，Yu，J. Mixed methods research in tourism and hospitality journals. International Journal of Contemporary Hospitality Management，2020，32（4）：1563-1579.

［122］Tsang，N. K. F.，Hsu，C. H. C. Thirty years of research on tourism and hospitality management in China：A review and analysis of journal publications. International Journal of Hospitality Management，2011，30（4）：886-896.

［123］Wakefield，J. C. When an irresistible epistemology meets an immovable ontology. Social Work Research，1995，19（1）：9-17.

［124］Wallace，M.，Byrne，C.，Vocino，A.，Sloan，T.，Pervan，S. J.，Blackman，D. A decade of change in Australia's DBA landscape. Education + Training，2015，57（1）：31-47.

［125］Weiler，B.，Moyle，B.，McLennan，C.-l. Disciplines that influence tourism doctoral research. Annals of Tourism Research，2012，39（3）：1425-1445.

［126］Weiler，B.，Torland，M.，Moyle，B. D.，Hadinejad，A. Psychology-informed doctoral research in tourism. Tourism Recreation Research，2018，43（3）：277-288.

［127］Wellington，J.，Sikes，P. 'A doctorate in a tight compartment'：why do students choose a professional doctorate and what impact does it have on their personal and professional lives? Studies in Higher Education，2006，31（6）：723-734.

［128］Wildy，H.，Peden，S.，Chan，K. The rise of professional doctorates：case studies of the Doctorate in Education in China，Iceland and Australia. Studies in

Higher Education，2014，40（5）：761-774.

［129］Wilson，E.，Small，J.，Harris，C. Editorial Introduction：Beyond the Margins? The Relevance of Critical Tourism and Hospitality Studies. Journal of Hospitality and Tourism Management，2012，19（1）：48-51.

［130］Wu，B.，Xiao，H.，Dong，X.，Wang，M.，Xue，L. Tourism Knowledge Domains：A Keyword Analysis. Asia Pacific Journal of Tourism Research，2012，17（4）：355-380.

［131］Xiang，K.，Huang，W.-J.，Gao，F.，Lai，Q. COVID-19 prevention in hotels：Ritualized host-guest interactions. Annals of Tourism Research，2022，93.

［132］Xiao，H. China's Tourism Education into the 21st Century. Annals of Tourism Research，2000，27（4）：1052-1055.

［133］Xiao，H. Towards a research agenda for knowledge management in tourism. Tourism and Hospitality Planning & Development，2006，3（2）：143-157.

［134］Xiao，H.，Huang，W.-J.，Hung，K.，Liu，Z.，Tse，T. 'Professor-for-a-Day'：An Initiative to Nurture Communities of Learning and Practice in Hospitality and Tourism. Journal of China Tourism Research，2018，14（2）：242-261.

［135］Xiao，H.，Smith，S. L. J. Case studies in tourism research：A state-of-the-art analysis. Tourism Management，27（5）：2006，738-749.

［136］Xiao，H.，Smith，S. L. J. The making of tourism research. Annals of Tourism Research，2006，33（2）：490-507.

［137］Xiao，H.，Su，D.，& Li，M. Diffusion of Knowledge Across Linguistic Communities：The Case of Using "Foreign" Sources for Tourism Research in China. Journal of China Tourism Research，2010，6（4）：326-342.

［138］Yin，R. K.. 案例研究：设计与方法［M］. 重庆：重庆大学出版社，2017.

［139］Ying，T.，Xiao，H. Knowledge Linkage. Journal of Hospitality & Tourism Research，2011，36（4）：450-477.

［140］Zeng，B.，Gerritsen，R. What do we know about social media in tourism? A review. Tourism Management Perspectives，2014，10：27-36.

［141］Zhong，L.，Wu，B.，Morrison，A. M. Research on China's Tourism：A 35-Year Review and Authorship Analysis. International Journal of Tourism Research，2015，17（1）：25-34.

［142］Zhou，L.，Xue，F. Effects of Instagram User-Generated Content on Travel Inspiration and Planning：An Extended Model of Technology Acceptance. Journal of Promotion Management，2021，28（3）：239-260.

［143］白强．大学知识生产模式变革与学科建设创新［J］．大学教育科学，2020，181（3）：31-38.

［144］白杨．旅游真实与游客［J］．桂林旅游高等专科学校学报，2006，17（3）：277-280.

［145］保继刚．中国旅游地理学研究问题缺失的现状与反思［J］．旅游学刊，2010，25（10）：13-17.

［146］保继刚．中西方视角谈旅游研究与理论建构［J］．旅游学刊，2014，29（2）：9-11.

［147］保继刚．中国旅游研究转向与旅游哲学—兼评《旅游哲学研究议题》［J］．旅游导刊，2017，1（1）：115-119.

［148］曹国新．建构论旅游社会学研究述评［J］．桂林旅游高等专科学校学报，2007，18（1）：5-8.

［149］曹诗图．旅游哲学研究基本问题与理论体系探讨［J］．旅游学刊，2013，28（9）：94-101.

［150］曹诗图．试论我国旅游科学研究的文化自觉、自信与自强［J］．北京第二外国语学院学报，2013，223（11）：1-8.

［151］曹诗图．哲学视野中的旅游研究［M］．北京：学苑出版社，2013.

［152］曹诗图，曹国新，邓苏．对旅游本质的哲学辨析［J］．旅游科学，2011，25（1）：80-87.

［153］曹曦，周春林，田逢军．我国旅游类博士论文选题的共词分析［J］．旅游论坛，2010，3（6）：640-644.

［154］曾忠禄，马尔单．文本分析方法在竞争情报中的运用［J］．情报理论与实践，2011（8）：47-50.

［155］车辕．道德律为何要像自然律［J］．吉首大学学报（社会科学版），2019，40（1）：99-105.

［156］陈才，邵林静，王森，于亚杰．对旅游学研究对象定位与学科地位的思考［J］．桂林旅游高等专科学校学报，2007，18（3）：321-324.

［157］陈春花．当前中国需要什么样的管理研究［J］．管理学报，2010，7（9）：

1272-1276.

［158］陈德广.从旅游研究博士论文看旅游学学科发展［J］.旅游学刊，2004，19
（6）：9-14.

［159］陈德广.差异和差距：中国和北美旅游地理博士学位论文的比较研究［J］.
人文地理，2006，88（2）：12-16.

［160］陈洪捷.知识生产模式的转变与博士质量的危机［J］.高等教育研究，2010，
31（1）：57-63.

［161］陈向明.质的研究方法与社会科学研究［M］.北京：教育科学出版社，2000.

［162］陈宇斌，翁时秀.原真性的二元结构——一种现代性视角的解读［J］.旅游
学刊，2018，33（1）：86-94.

［163］陈振华.批判性思维培养的模式之争及其启示［J］.高等教育研究，2014，
35（9）：8.

［164］戴斌.关于构建旅游学理论体系的几点看法［J］.旅游学刊，1997（6）：
43-46.

［165］戴斌.旅游研究的培根方法与理论建构的 NOMA 原则［J］.旅游学刊，
2022，6（5）：1-11.

［166］单德朋，王英，杨霞.电影引致旅游的理论模型与计量分析［J］.经济地理，
2014，34（8）：7.

［167］党宁，代希，吴必虎.中国旅游学术领域的网络、学缘与流派：1979—
2021［J］.旅游学刊，2023，38（1）：134-151.

［168］董霞.论旅游学科的研究对象［J］.重庆工商大学学报（社会科学版），
2018，35（3）：55-59.

［169］董亚娟，马耀峰.基于中外博士论文选题的旅游研究发展趋势探讨［J］.社
会科学家，2008，136（8）：87-90.

［170］杜月升.论知识生产及其经济特征［J］.深圳大学学报（人文社会科学版），
1999，16（2）：46-51.

［171］樊友猛，谢彦君."体验"的内涵与旅游体验属性新探［J］.旅游学刊，
2017，32（11）：16-25.

［172］冯晓虹，李咪咪.儿童旅游研究综述［J］.旅游学刊，2016，31（9）：
61-71.

［173］关鑫，郭斌，陈彦亮.情景化、本土化理论与比较管理研究［J］.经济与管

理研究，2012，（1）：124-130.

［174］郭文，黄震方，王丽．影视旅游研究：一个应有的深度学术关照——20年来国内外影视旅游文献综述［J］.旅游学刊，2010，25（10）：10.

［175］郭文，朱竑．社会文化地理知识生产的表征与非表征维度［J］.地理科学，2020，40（7）：1039-1049.

［176］哈金．《科学革命的结构》第四版导读［M］.胡新和，译.世界哲学，2013（1）：86-103.

［177］胡军．关于知识定义的分析［J］.华中科技大学学报（社会科学版），2008，22（4）：13-23.

［178］黄德良．库恩范式论的真谛［J］.探索与争鸣，1986，（6）：2.

［179］康德．纯粹理性批判［M］.邓晓芒，译.北京：人民出版社，2016.

［180］柯华庆．跨学科还是交叉学科［J］.大学（学术版），2010（10）：90-95.

［181］克利福德·格尔茨．文化的解释［M］.韩莉，译.南京：译林出版社，2014.

［182］赖坤．理解旅游哲学：基于融合创新路径［J］.旅游学刊，2016，31（4）：9.

［183］李军．知识论视角审视下的旅游管理研究命题［J］.旅游学刊，2016，31（4）：51-61.

［184］李想，陈刚华．本土化研究的争议与边界［J］.旅游学刊，2019，34（10）：12-20.

［185］刘俊，陈品宇．批判性旅游研究范式转型的回顾与展望［J］.旅游学刊，2019，34（8）：118-128.

［186］刘郦．库恩1与库恩2［J］.江淮论坛，1996（6）：5.

［187］马波．中国旅游理论研究的现实问题［J］.旅游学刊，2017，32（11）：6-8.

［188］马君．学术论文的特征及其构成要素［J］.编辑之友，2002（6）：33-34.

［189］马凌．本真性理论在旅游研究中的应用［J］.旅游学刊，2007，22（10）：76-81.

［190］马凌．旅游社会科学中的建构主义范式［J］.旅游学刊，2011，26（1）：31-37.

［191］马凌．诗意地迂回：诠释现象学视角下的主体想象与旅游体验［J］.旅游学刊，2022，37（10）：39-49.

［192］马凌，朱竑．旅游研究中建构主义方法论的合法性［J］.旅游学刊，2015，30（7）：100-107.

［193］马天，谢彦君．旅游体验的社会建构：一个系统论的分析［J］．旅游学刊，2015，30（8）：96-106.

［194］马一浮．泰和宜山会语［M］．沈阳：辽宁教育出版社，1998.

［195］马有明，李咪咪．基于旅游者视角的国家公园品牌形象测量模型研究［J］．旅游论坛，2020，13（4）：20-32.

［196］纳尔逊·格雷本．旅游、现代性与怀旧［J］．张晓萍，刘天曌，编译．民族艺术研究，2003（5）：40-47.

［197］彭兆荣．旅游人类学："临时共同体"的民族志关照［J］．旅游学刊，2012，27（10）：5-6.

［198］申葆嘉．论旅游现象的基础研究［J］．旅游学刊，1999（3）：58-60，79.

［199］史密斯（Smith.V.L.）．东道主与游客——旅游人类学研究［M］．昆明：云南大学出版社，2007.

［200］宋子千．学科理论视野下旅游学科建设反思［J］．旅游学刊，2012，27（12）.

［201］宋子千．以多学科研究的充分发展促进旅游学科成长［J］．旅游学刊，2014，29（3）：22-30.

［202］孙九霞，王学基，黄秀波．旅游研究的新视角、新方法、新趋势［J］．旅游学刊，2014，29（12）：118-120.

［203］孙绵涛．西方范式方法论的反思与重构［J］．华中师范大学学报（人文社会科学版），2003，42（6）：110-125.

［204］孙艳，李咪咪，李少华，叶颖华．千禧一代出境游目的地决策过程叙事研究——良机驱动的发现及其理论意义［J］．旅游学刊，2021，36（7）：92-103.

［205］孙艳，李咪咪，肖洪根．海外移民返乡家庭旅游的集体记忆和国家认同建构［J］．旅游学刊，2022，37（2）：46-61.

［206］汤茂林．空间、地方、权力与地理知识［J］．地理学报，2018，73（8）：1600-1601.

［207］唐玲萍．认证本真性的概念与实质：一个文献述评［J］．旅游论坛，2015，8（5）：26-30.

［208］唐顺英．近十年中国旅游类博士学位论文分析与展望［J］．旅游学刊，2013，28（3）：106-113.

［209］唐小媚．大学知识生产模式转型及其对学科建设的启示［J］．高教探索，2020（12）：29-33.

［210］魏雷，钱俊希，朱竑.谁的真实性？——泸沽湖的旅游凝视与本土认同［J］.旅游学刊，2015，30（8）：66-76.

［211］吴必虎，黄珊蕙，钟栎娜，谢冶凤.游历发展分期、型式与影响：一个研究框架的建构［J］.旅游学刊，2022，37（3）：50-67.

［212］吴必虎，黎筱筱.中国旅游专业教育发展报告［J］.旅游学刊，2005（s1）：9-15.

［213］吴必虎，张骁鸣.旅游学科的理论和方法基础［J］.旅游学刊，2016，31（10）：16-18.

［214］吴立保，茆容英，吴政.跨学科博士研究生培养、缘起、困境与策略［J］.研究生教育研究，2017，40（4）：36-40，55.

［215］吴巧凌，汤宁滔，李咪咪.香港青少年国家认同与研学旅行［J］.旅游学刊，2022，37（11）：9-11.

［216］肖洪根.社会科学的传统与旅游研究的未来［J］.旅游学刊，2005，20（5）：5-7.

［217］肖洪根.旅游学纵横［M］.北京：旅游教育出版社，2013.

［218］肖洪根.智囊/智库、科技咨询与旅游科学发展［J］.旅游学刊，2016，31（1）：3-4.

［219］肖洪根.新时代中国旅游发展的理论与实践［J］.旅游导刊，2018，2（2）：16-26.

［220］谢彦君.旅游体验——旅游世界的硬核［J］.桂林旅游高等专科学校学报，2005，16（6）：5-9.

［221］谢彦君.旅游的本质及其认识方法［J］.旅游学刊，2010，25（1）：26-31.

［222］谢彦君.旅游理论研究与学科自觉［J］.北京第二外国语学院学报，2010，177（1）：8-15.

［223］谢彦君，李拉扬.旅游学的逻辑：在有关旅游学科问题的纷纭争论背后［J］.旅游学刊，2013，28（1）：21-29.

［224］谢彦君，李森.关于旅游教育与研究领域的理论与实践关系问题［J］.旅游学刊，2017，32（11）：10-13.

［225］谢彦君，孙娇娇.旅游研究的反思与再反思：试评阿兰贝里批评框架中的现代与后现代范式［J］.旅游学刊，2017，32（2）：13-21.

［226］谢彦君，孙佼佼.科学与哲学：旅游研究中的两种不同路径［J］.旅游学刊，

2016，31（4）：24-32.

［227］邢宁宁，杨双双，黄宇舟，李咪咪，汪京强 . 90后出境旅游动机及价值追寻［J］. 旅游学刊，2018，33（9）：58-69.

［228］徐菊凤 . 关于旅游学科基本概念的共识性问题［J］. 旅游学刊，2011，26（10）：21-30.

［229］严旭阳 . 旅游教育的困境和旅游学科的使命［J］. 旅游学刊，2022，37（4）：1-2.

［230］杨振之 . 再论旅游的本质［J］. 旅游学刊，2022，37（4）：140-152.

［231］杨振之，谢辉基 . 称手的"知－道"——旅游研究的知行合一［J］. 旅游学刊，2017，32（11）：1-3.

［232］杨振之，谢辉基 . 旅游体验研究的再思［J］. 旅游学刊，2017，32（9）：12-23.

［233］詹姆斯·克利福德，乔治·E.马库斯 . 写文化——民族志的诗学与政治学［M］. 北京：商务印书局，2017.

［234］张朝枝，林诗婷 . 旅游是什么——基于政府文件的话语分析［J］. 旅游导刊，2017，1（2）：20-31，121.

［235］张进福 . 物之序：从"旅游资源"到"旅游吸引物"［J］. 旅游学刊，2021，36（6）：45-59.

［236］张康之 . 论知识生产过程中的思维方式［J］. 东南学术，2018（2）：37-46，246.

［237］张康之 . 重建相似性思维：风险社会中的知识生产［J］. 探索与争鸣，2021（7）：121-132：179.

［238］张莉 . 论范式理论的科学发展模式［J］. 科技信息，2012（29）：59-60.

［239］张凌云 . 非惯常环境：旅游核心概念的再研究［J］. 旅游学刊，2009，24（7）：12-17.

［240］张凌云 . 走出混沌：旅游学科的归属与性质探索［J］. 中大管理研究，2012，7（1）：13-34.

［241］张凌云 . 从描述现象、提出问题到寻找规律［J］. 旅游学刊，2022，37（1）：1-2.

［242］张凌云 . 可持续发展：旅游业高质量发展的新议程［J］. 旅游学刊，2023，38（1）：1-2.

［243］张清源，叶超．中国旅游研究的方法论批判［J］．旅游学刊，2022，37（1）：
134-147.

［244］张庆玲．后现代知识逻辑下跨学科研究的困境与转型［J］．高等理科教育，
2017，131（1）：1-19.

［245］章锦河，陆林．中国旅游类博士硕士学位论文分析［J］．地理科学，2003，
23（4）：504-510.

［246］赵德芳．旅游研究的语言学视角：旅游话语分析［J］．旅游科学，2018，32
（4）：85-95.

［247］赵红梅，董培海．回望"真实性"（authenticity）（下）［J］．旅游学刊，2012，
27（5）：13-22.

［248］赵红梅，李庆雷．回望"真实性"（authenticity）（上）［J］．旅游学刊，2012，
27（4）：11-20.

［249］赵思涵，胡传东，罗兹柏，张瑛．基于建构扎根理论的旅游"好玩"评价过
程建构［J］．旅游学刊，2021，36（10）：113-124.

［250］周寄中．对范式论的再思考［J］．自然辩证法通讯，1984（3）：9.

［251］周文彰．主体认识图式引论［J］．中国社会科学，1988（3）：59-72.

［252］朱鹤，刘家明，龙江智，余玲，李涛．"空间-主题"框架下中美城市旅游研
究对比．地理科学进展，2019，38（7）：1056-1068.

［253］朱健刚．本真性的共谋——旅游人类学的反思［J］．旅游学刊，2012，27
（11）：17-18.

［254］邹统钎，高中，钟林生．旅游学术思想流派［M］．天津：南开大学出版社，
2008.

［255］邹统钎，吴丽云．旅游体验的本质、类型与塑造原则［J］．旅游科学，2003，
（3）：7-10，40.

［256］左冰，林德荣．交叉与融合：旅游管理一级学科与其他学科之间的关系［J］．
旅游学刊，2016，31（10）：21-23.

附　录

D.HTM 2013—2022 年毕业生基本情况表（以毕业年份为序）

序号	姓名	毕业时间	博士论文题目
1	葛继宏	2016	旅游目的地与影视作品的营销战略合作对中国旅游者行为的影响分析
2	李军	2016	基层领导行为对员工绩效影响机制研究——工作价值观的视角
3	郑溯	2017	基于绿色导向的工业遗产开发行动策略与多元价值机制研究——以中国工业遗产旅游资源开发为例
4	刘巍	2018	虚拟社会资本对品牌推崇影响的研究
5	余文罡	2018	A 股上市酒店股权结构与经营绩效关系研究
6	马有明	2018	基于旅游者视角的国家公园品牌形象对旅游目的地品牌权益的影响研究
7	王凯	2018	基于品牌联合的酒店场景化价值共创机理研究
8	金浏河	2018	宏览博物　守望非遗——非物质文化遗产原真性展示与本真性体验研究
9	谷勇	2018	中国高校教学酒店品牌化研究
10	汪京强	2018	中国旅游高等教育实践教学体系构建研究
11	王其	2018	关于中国工业遗产旅游需求影响因素的研究
12	刘晓风	2018	中国五星级酒店高管品牌识别对企业绩效的影响机制研究
13	张弘	2018	中俄跨境旅游合作区政策研究
14	杨永彪	2019	中国酒店数字化转型关键成功要素研究
15	陈耀	2019	服务创新对高星级酒店品牌资产的影响机理研究
16	王培来	2019	新生代员工工作价值观与职业嵌入关系机理研究——以上海高端酒店为例

续表

序号	姓名	毕业时间	博士论文题目
17	王亮	2019	投资方与管理方对酒店信息化和科技服务创新的共识与差异研究——以中国高星级国际品牌连锁酒店为例
18	韩晓燕	2019	乡村创业环境、创业资源和创业绩效的影响关系——来自中国民宿的实证研究
19	姜国华	2019	旅游在线教育用户持续使用意向研究
20	张大治	2019	新时代背景下五星级酒店客房设计创新研究
21	陈静	2019	酒店公共空间设计与顾客体验——以家庭顾客为例
22	纪菲菲	2019	社交媒体旅游叙事对女性消费者旅游目的地认知和情感说服研究
23	李征	2019	互联网金融时代资本密集型旅游企业融资策略创新与研究
24	林家颉	2019	动态能力、组织创新对瞬时竞争优势影响关系：台湾地区不同创新类型酒店实证研究
25	潘金龙	2019	伦理型领导对顾客满意感知度的影响机制研究——基于乡村客栈的分析
26	李林	2019	社交网络情境下中国人旅游意愿研究
27	郭志刚	2019	服务场景下顾客体验对酒店品牌忠诚的影响研究
28	齐炜	2019	基于旅游者视角的传统村落价值追寻
29	汤宁滔	2019	旅行与青少年国家认同感的建构——以香港为例
30	王嘉珏	2019	高科技主题公园的服务场景、游客体验及行为意向研究
31	李少华	2019	基于大数据的C2B产品创新扩散研究——以飞猪旅行平台实践为例
32	孙艳	2019	海外移民返乡家庭旅游中的集体记忆与国家认同
33	杨双双	2019	基于目标导向行为理论模型的游客行为意向及影响因素研究——以中国葡萄酒主题出境游为例
34	戴梦华	2020	国际品牌酒店在中国大陆常见诉讼纠纷形式及法律风险防范联动机制研究
35	冯晓虹	2020	儿童旅游消费者社会化：个人特征、家庭沟通模式与旅游依恋的作用
36	方向红	2020	基于高星级酒店"95"后员工职业发展需求的培训模式研究——入职两年内员工及实习生
37	陈元	2020	老年旅游动机与积极老龄化关系研究：以中国（一线）城市老年人口为例
38	吴巧凌	2020	传统戏曲类非遗的旅游活化——以昆曲为例

续表

序号	姓名	毕业时间	博士论文题目
39	刘志华	2020	旅游信息价值对"自助游"客户消费决策质量的影响
40	刘道强	2020	中国内地主题公园游客时间及空间行为和二次消费及满意度的关系研究——以荆州方特东方神画为例
41	周宇华	2020	中国本土情境中家长式领导对酒店员工组织公民行为的影响——以类亲情交换关系为中介及中国文化为调节
42	赵晖	2020	特许经营模式下国际酒店品牌受许方（业主）品牌选择影响因素研究——以中国中、高端酒店为例
43	梁曦	2020	工业旅游体验对企业品牌化的影响
44	邢宁宁	2020	基于视频广告的儿童情绪与旅游行为意向关系的准实验研究
45	张文成	2020	"求同存异"：蟳埔女族群认同与地方文化保护
46	苗玲	2020	全域旅游视角下舟山非物质文化遗产传承保护与活化利用的共生机制研究
47	黄惠	2020	旅游特色小镇场景下互动体验对旅游幸福感及忠诚的影响研究
48	付卉	2020	大学生短期海外研学旅行体验研究
49	杨国强	2021	酒店过度服务补救的满意度研究及容忍区间探索
50	李文举	2021	民宿社区民宿经营者的主观幸福感研究——以山东省为例
51	王睿	2021	在线旅行平台企业与酒店集团忠诚客户计划的竞合关系以及会员激励与会员价值的研究
52	杨富荣	2021	基于互联网背景下的饭店"未投诉顾客"行为研究
53	李旭芳	2021	校长领导力视角下的中国旅游职业教育创新——基于扎根理论的研究
54	秦晓利	2021	家庭度假体验与度假酒店的价值共创行为探索研究
55	陈镇	2021	酒店业精神型领导力研究：触发因素、作用机制及效应
56	齐鸣	2021	特色小镇文化创意产业对旅游经济效益的影响研究——以浙江为例
57	魏东	2021	森林康养旅游的参与意愿研究——以河南省为例
58	陈素霞	2021	酒店类社群消费者互动行为和企业平台质量对消费者体验价值的影响研究
59	刘永生	2021	沉浸式娱乐项目对主题公园游客体验影响机制的研究
60	卢雪英	2021	研学旅行的服务创新和价值共创研究
61	卢萍	2021	古城旅游者满意度影响因素研究

序号	姓名	毕业时间	博士论文题目
62	赵莉敏	2021	酒店培训对组织承诺的影响机制研究——以目标导向为中介
63	黄自强	2021	游戏化创新在工业旅游产品中对游客响应的影响
64	王娟	2021	皖南国际文化旅游示范区空间格局演变、效应及优化研究
65	李毅	2021	乡村旅游用地政策实施的影响因素及作用机制研究——基于利益相关者理论
66	徐进	2021	旅游场域中科创园区的空间生产研究：以杭州梦想小镇为例
67	沈旭炜	2021	基于自我一致性理论的运河夜间旅游目的地品牌个性研究——以京杭大运河杭州景区为例
68	茅矛	2021	儿童对家庭入住豪华酒店消费行为影响的研究
69	钟斐	2021	民宿游客住宿体验研究：从建构真实到存在真实
70	李国宏	2021	乡村旅游开发中的治理问题研究——基于利益相关者网络关系视角
71	汪群龙	2021	老年人旅游体验、代际互动与幸福感
72	方建伟	2022	凝视与真实——基于话语分析技术
73	罗敏	2022	基于感知分析的旅游发展对海岛居民家庭收入不平等的影响研究
74	熊华勇	2022	真实性设计和历史街区形象感知关系研究——以汉口历史街区为例
75	金建江	2022	特许经营绩效对酒店特许业主满意度的影响机理——基于共同价值观的调节效应
76	朱复清	2022	基于游客参与的数字化景区价值共创机理与应用研究
77	孔劲	2022	疫情环境影响下西餐厅经营转型案例分析——以南京牧心花园西餐厅为例
78	王匯通	2022	生育旅游动机
79	沈鹏	2022	互联网环境下个人慈善捐赠行为影响机制研究——以水滴筹平台为例
80	徐菱苓	2022	提升退休老年人生活质量的旅游情感体验研究——以生命意义感为中介变量
81	夏丹琦	2022	儿童社会化视角下教育旅游的学习体验研究
82	吴复爱	2022	儿童及家庭旅游幸福感研究
83	张晓华	2022	探究谦逊型领导对酒店员工工作满意度的影响：组织支持感的调节作用
84	罗建基	2022	博物馆讲解志愿者深度休闲、社会资本与幸福感关系研究

序号	姓名	毕业时间	博士论文题目
85	陈茵	2022	拟态关系——具身体验视角下民宿生活场景观化研究
86	李煜冬	2022	互联网平台差异化产品对酒店品牌资产的影响及感知价值、品牌信任的中介作用：以酒店品牌旗舰店为例
87	于世春	2022	酒店及旅游管理专业选择影响因素研究
88	江焰	2022	主题民宿旅游者的社会交往、"共睦态"体验与旅游体验记忆性研究
89	周春林	2022	基于空间句法的"旅游空间"意象与构形研究
90	陈鹭洁	2022	奖励旅游购买中心社会网络、决策过程和绩效研究
91	顾敏艳	2022	科技馆人际、人展互动体验及其对学习成果的影响研究：青少年访客的视角
92	向科衡	2022	性少数人群旅游的身份认同与具身体验探究——以中国同志旅游者赴泰为例
93	郑羽蘅	2022	领导风格、组织氛围与员工亲环境行为——基于中国旅游企业的实证研究